아시아 신화는 처음이지?

寫給中小學生的
亞洲神話故事

아시아 신화는 처음이지?

寫給中小學生的亞洲神話故事

金南一 김남일 文
林侑毅・鄭筱穎 譯

目錄

第2章

尋找人類誕生的祕密

第3章

克服考驗的人類

第4章 人類與自然的和諧共存

第7章 與死亡正面對決的英雄們

前言

亞洲神話——新奇趣味的世界

撰寫這本書的時候，韓國演員將出演美國好萊塢電影，而且還是最受歡迎的漫威系列，消息傳出，一時蔚為話題。據說這位演員在電影中扮演的是一位名為「吉爾伽美什（Gilgamesh）」的英雄。新聞曝光後，吉爾伽美什這個名字立刻受到熱烈關注。我一方面感到欣慰，一方面也想著「終於輪到吉爾伽美什了」。

其實過去好萊塢以希臘、羅馬神話為題材的電影，可說是數不勝數。近來題材範圍越來越廣，強檔影片持續推出。例如《魔戒》與《索爾》系列，就是以北歐神話為背景，或是直接取用神話人物的作品。《納尼亞傳奇》和《哈利波特》系列，也深受北歐神話與凱爾特神話（Celtic mythology）的影響。發展到現在，好萊塢電影製作人又再向前邁進一步，開始關注歐洲以外地區的神話。

曾經在韓國上映的動畫片《海洋奇緣》，是以南太平洋神話中愛惹是生非的毛伊為主角的作品。在全球締造票房佳績的電影《阿凡達》，則是採用印度神話中占有重要地位的「阿凡達」，也就是「化身」的概念。如果沒有這個概念，大概也不會有《阿凡達》這部作品。

這些作品可以說帶來了正向的改變。因為過去說到「神話」，大部分的人都只會想到希臘、羅馬神話。每個人家裡或許都會有一兩本關於希臘、羅馬神話的書，但是書架上也能找到中國神話或日本神話相關的書嗎？甚至是東南亞或中亞、中東的神話呢？

前面提到的吉爾伽美什，正是世界四大文明起源地之一的美索不達米亞神話中的英雄。祂的身體三分之一為人，三分之二為神，是掌管都市國家烏魯克（Uruk）的王。祂和朋友聯手打敗踞守杉樹林的怪物，也輕而易舉地擊退天神派來的天牛。但是吉爾伽美什並非百分之百的神。由於三分之一為人，所以祂也面臨了無可避免的命運，那正是「死亡」。

歌詠吉爾伽美什冒險故事的《吉爾伽美什史詩（The Epic of Gilgamesh）》，是刻劃祂抵抗終將一死的命運，追尋永生不死的故事。華麗優美的詩句和高潮迭起的情節、細膩深刻的主題，使得「吉爾伽美什史詩」不只是一則神話，更被奉為人類偉大的古典文學。

由此可見，神話的世界相當遼闊，不是只有希臘、羅馬神話而已。無論人口多寡、生活富裕或貧窮，每一個民族必然都有各自的神話。神話的內容也非常多元，從世界一開始如何被創造、當時世界的模樣，到人類何時出現、如何出現，乃至於誰是民族的始祖、誰建立了國家，都是神話描述的內容。

亞洲各民族的神話也是一樣的，趣味性不輸希臘、羅馬神話。有砍下巨人身體創造世界的神話，有世界最初存在兩個、三個甚至十個太陽和月亮的神話，也有當時樹木會說話、石頭會走路的神話，內容五花八門。當然，像韓國檀君、朱蒙、赫居士一樣建立民族與國家的英雄神話，也不在少數。

在這些形形色色的故事中，「死亡」是神話最重要的題材。或許是因為人類終將一死，也或許是因為人類無法擺脫對死亡的恐懼和虛無，所以才創造了神話做為抒發的管道吧！亞洲各民族的神話在這個主題，超越了希臘、羅馬神話，留下了繽紛多樣且富有意義的故事。

無論富裕或貧窮，任何人都是珍貴的存在，而神話也是如此。我們不應該將希臘、羅馬神話看作是世界神話的唯一代表。尤其我們生活在亞洲，卻對亞洲神話的世界了解有限，這樣怎麼能說自己真正了解亞洲呢？如果讀過本書裡面提到的「羅摩衍那」和「摩訶婆羅多」，未來有機會到印度或東南亞旅行的時候，各位將會有更充實的旅遊感受，比起拿著手機簡單查詢旅行資料，收穫完全不同。

希望本書能發揮引導的功能，帶領各位進入亞洲神話充滿樂趣的世界。

二〇二〇年 冬

金南一

第1章

世界最初形成的時候

每個民族對於最初的世界，
也就是「太古之初」的世界，都有不同的想法。
亞洲民族是如何想像太古之初的世界呢？

遠古時代，天空初開

遠古時代，天空初開，誰可曾聽見雞啼聲？所有山脈向著思戀的大海奔去，不忍侵擾此地。無盡光陰，四季輪迴不息，大江始成康莊。此刻落雪紛飛，梅花花香瀰漫，在此播下我貧瘠的歌謠種子。千古之後，必有不凡之人騎白馬而來，在這處曠野放聲高歌。

這是韓國詩人李陸史（一九〇四～一九四四）家喻戶曉的詩歌《曠野》。眾所周知，李陸史在朝鮮日治時期曾參與獨立運動，多次被捕入獄。最後在中國北京的日本領事館監獄內結束一生。在李陸史的作品中，蘊含著對祖國真摯的熱愛。這首詩也可以這樣解讀：詩人情緒激昂地將那片被奪走的土地、在他人鐵蹄下被

踐踏的國土，描寫成一片既純潔又神聖的曠野，這片神聖之地就連山脈都不敢任意侵犯。當然，這是使用象徵法的修辭。

在這片純潔神聖的「曠野」上，逐漸發展出韓國的歷史。然而在有歷史紀錄之前，還可以上溯至更悠久、漫長的歲月。請先閉上眼睛，慢慢調整呼吸，想像一下天地最初形成的瞬間是什麼景象吧。會是從某處傳來雞的啼叫聲嗎？還是在伸手不見五指的黑暗中，忽然照出一道曙光？是不是很難想像呢？

科學家推測地球的年齡約為四十六億年。從地球誕生到人類出現為止，早已經過數也數不清的漫長歲月。而從人類走出洞穴狩獵、採集開始，到懂得耕田、畜牧為止，又需要多麼長的時間呢？而在這之後，國家形成之前，想必又歷經一段非常漫長的時光吧。

在遙遠的古老時代，也就是韓國長輩們常說的「老虎還在抽菸斗」（譯註：韓國俗語，意指很久很久以前，常用在民間故事的開場。）的時候，有過這樣的故事。當時不但老虎會抽菸、青草會說話，石頭還能四處走動，而太陽與月亮各有兩個。這是真的嗎？你問我是不是大家都沒看過，所以隨便胡說的？

神話告訴了我們當時的景象。神話記錄的是沒有被載入歷史的所有時代，也就是「遠古時代」的故事。世界是怎麼形成的呢？基督教經典說是上帝創造了這個世界。《創世紀》裡記錄了這樣的過程。

起初，上帝創造天地。地是空虛混沌，淵面黑暗；上帝的靈運行在水面上。上帝說：「要有光」，就有了光。上帝看光是好的，就把光暗分開了。上帝稱光為「晝」，稱暗為「夜」。有晚上，有早晨，這是頭一日。（創世紀第一章第五節）

上帝僅憑幾句話，便創造出了世界。起初一切是黑暗的，黑暗中萬物都不存在，而上帝說「要有光」，立刻就出現了光。創造光，並將晝夜分開，是上帝第一天所做的事情。

上帝日復一日地工作，祂創造天，又創造地和海。還在地上創造青草，以及能夠長出種子的蔬菜、結果實的樹木，又創造了海中的魚、天上的鳥和地上的牲畜。人類是之後才出現的，就在第六天。當然，這是以色列民族的想法。

也有人對上帝創造世界的想法抱持懷疑，他們主要是其他民族的人。他們想問，《創世紀》中的「創造天地」究竟是什麼意思？

「你說上帝創造世界嗎？創造代表開始，那是什麼時候呢？為什麼上帝非得在那個時候創造世界？在那之前，上帝做了什麼？」

真是尖銳的問題。他們緊咬最初創造世界的「時間點」不放，幾乎是以逼問的態度提出質疑：「既然那個時候是時間上的某一點，那之前的時間也存在吧？」「上帝在那之前做了什麼？」那個時候就是那個時候，起初就是起初，如果非要追究那是什麼時候，問題肯定沒完沒了。

我們經常以河水比喻時間的流逝，但是河水的「源頭」確確實實存在。一定是從某處山泉中湧出泉水，才匯集為河水。只要聯想鴨綠江和圖們江發源於長白山天池，就能立刻理解了。但是時間也像河水一樣有源頭嗎？而且是看也看不見，抓也抓不著的時間？別傻了，再怎麼往上追溯，應該也沒辦法找出時間最初的源頭。當我們高喊「就是這裡」、「就是這時候」的同時，在此之前的時間不就又冒出來了嗎？

著名神學家聖奧古斯丁（Saint Augustine of Hippo）也在年輕時提出過類似的問題，詆毀了基督教。後來他對此懺悔，並在回到上帝的懷抱後說道：「再怎麼漫長、悠久的時間，全都是上帝創造的。無時無刻不是上帝所創造。在創造之前，連時間也不存在。如果反問上帝在創造世界之前做了什麼，這個問題本身就有問題。」

站在上帝是唯一真神的立場來看，這樣的回答或許是最好的。如果想用更科學的方式來解答，我們可以討論大爆炸如何、黑洞如何，不過這已經超出我們的能力，只是自討苦吃而已。

但每個民族對於最初的世界，也就是「太古之初」的世界，其實都有不同的想法，這點我們必須予以接納。世界各地之所以存在著無數的創世神話，也是由於這個原因。古希臘人將大地女神蓋婭（Gaia）和天神烏拉諾斯（Uranus）的時代，稱為卡俄斯（Chaos），也就是「混沌」的時代。他們認為隨著大地女神與天神的出現，世界也因此被創造出來。

西方許多民族各有其不同的創世神話，東方也是。而且即使同屬於「東方」，遠東和近東不同，南方和北方也不同。無論如何，創世神話可以說是解釋世界各地的人們如何脫離世界最初的混沌，建立起新秩序的過程。

創世神話是說明世界最初模樣的神話，然而韓民族的創世神話流傳的並不多。其實並不是沒有創世紀的神話，只是因為各種原因沒能全部保留下來而已。而且，韓國人耳熟能詳的檀君神話，嚴格來說也不是創世神話，而是建國神話，也就是關於國家最初創建時的故事。

在檀君神話中，世界一開始就有天地，所以桓因之子桓雄降臨凡間，目的是為了讓人類世界變得更好。雖然不知道人類是什麼時候出現的，不過當時大地上已經有人類居住。天與地最初如何形成，大地上何時開始出現人類，這則神話並沒有詳細告訴我們。

濟州島上將神話稱為「本解」，意思是解釋原因、根本。在濟州島敘事巫歌中，有一則《天地王本解》故事，可以說是少數流傳至今的韓民族創世神話中，最詳細也最有趣的一則神話。

太古之初空無一物，縱使有，那也只是混沌本身。因為一片漆黑，何處是天，何處是地，全然無法分辨。在這暗黑天地間，開天闢地的氣象忽然形成。所謂「開天闢地」，是指世界最初生成、天地初開的意思。在這一瞬間，一切無中生有。用天干地支來說，恰恰是甲子年甲子月甲子日甲子時。不必明指是何時，總之是非常非常遙遠的某個無法想像的瞬間。

最初，天的前端向子方轉動，子方是正北方稍微向東方傾斜的方向。到了乙丑年乙丑月乙丑日乙丑時，地的前端向丑方轉動，丑方是比子方再往東方傾斜的方向。此時，原本混沌的天與地各自朝不同的方向傾斜。於是「喀嚓」一聲，天地之間開始出現一道裂縫，就像冰塊的裂縫那樣。

隨著時間的推移，裂縫逐漸擴大。地表上冒出某些像瘡疤一樣的東西，並且越來越大，形成了山崖、高山。其間流出水流，匯聚成河。如此一來，天地便完全分了開來。

此時，天上降下青色露水，地上湧出黑色露水。兩種露水相合，世間萬物才開始出現。最先出現的是星星，例如：牽牛星、織女星、老人星、北斗七星，都在這時出現。儘管如此，世界依然是一片漆黑，唯有天地四方飄著朵朵雲彩。接著天皇雞仰起雞脖，地皇雞拍動翅膀，人皇雞搖著雞尾，一起高聲啼叫，這時天空才露出曙光。開天闢地終於完成。（譯註：天皇、地皇、人皇為上古創世神話中的三皇。）

天庭的玉皇上帝這時正好送來太陽和月亮，太陽和月亮各有兩顆。這下該怎麼辦才好？白天極度炎熱，夜晚卻異常寒冷，人類無法生存。在這個時期，所有青草與樹木都能說話，人與鬼混雜在一起。當然，這時人和鬼還沒有太大的區別。總而言之，就是一切萬物混居的混沌期。

如此一來，會發生什麼事呢？結果是呼喊人類的時候，鬼魂回應；呼喊鬼魂的時候，人類回應。太陽有兩顆，白天太熱；月亮有兩顆，夜晚太冷……。

這樣下去可不行！這個混亂的世界應該建立新的秩序了，於是天地王派出大別王和小別王兩個兒子，解決了這件事。詳情我們之後會慢慢介紹，先來看東方其他民族是如何想像太古之初的世界吧。

盤古開天闢地

中國漢族

今日的中國是多民族國家，文化和風俗各不同的五十六個民族，共同居住在同一片土地。其中最能代表中國歷史與文明，人口也最多的民族，正是漢族，占中國總人口的百分之九十以上。漢族認為是盤古這個神話人物創造了世界。

宇宙最初是一片混沌，一切模糊不清。大概就像箱子裡空無一物的樣子吧？或者說是像洞穴深處、海洋深處一樣，只有無邊無際的黑暗。

無論如何，盤古已經感到厭煩。豈有不厭煩的道理？盤古已經在黑暗中蜷縮了一萬八千年，一動也不能動，彷彿母親懷中的胎兒一樣。換句話說，宇宙就像母親腹中的羊水或像雞蛋的蛋白一樣，包裹著盤古。

盤古忽然睜開眼。

「啊，我已經厭倦了！」

盤古幾乎要喘不過氣，覺得胸口像是被巨大的「岩石」重重壓著。不過那時候甚至還未出現岩石呢。只是為了讀者方便理解，所以才用這種方式形容的。

「哎喲喂呀！」

盤古用盡全身的力量，從喉嚨裡向外喊出聲。這是世界最初的聲音、最初的吼叫。因為這樣，宇宙某個地方出現了細小的裂痕。從針孔般微小的縫隙中，透入一縷微光。於是原本混沌一片的天地，開始蠢蠢欲動。其中清澈的陽氣向上，沉重的陰氣向下，天與地便是如此形成。

盤古

盤古用力伸了伸懶腰，雙手向上頂住天空，雙腳向下立於土地。隨著天與地的間隔逐漸擴大，盤古愈加興奮，又使出渾身解數。忽然，盤古的身高也越長越高。一天長高一丈，換算為現在的單位，據說有二點四八公尺左右。盤古開心的不得了，問題是每天像那樣長高，究竟要長到何年何月，又要長到多高呢？誰也不知道。盤古也沒有其他事情可做，只是繼續向上頂住天空，向下立於土地。

一天、兩天、三天……。

一個月、兩個月、三個月……。

一年、兩年、三年……。

因為相當吃力，盤古留下大量汗水與淚水，而這些汗水和淚水匯聚為海洋；盤古嘴中氣喘吁吁地吐出氣息，而這些氣息化為風和雲。有時盤古感到又累又煩，大發脾氣，瞬間閃電紛紛落下；有時大吵大鬧，發出轟隆隆的雷聲。

就這樣時光繼續流逝，又經過了一萬八千年的歲月。盤古覺得自己再也無法堅持下去了。

「啊！到此為止吧。現在該好好休息了。」

盤古勉強撐開昏昏欲睡的眼皮。張開眼後，他遠遠看見兩隻手臂上自己創造的天空，隱約看見下方無邊無際的大地，也看見了海洋。一時電閃雷鳴，雷電交加。

「辛苦了。」

盤古一邊喃喃自語，一邊靜靜地閉上眼睛。正當他的嘴角浮現一抹微笑時，他已經溘然長逝。

盤古的雙眼變成太陽與月亮，流到地面的血變成河水，骨頭變成金銀寶石，身上掉下來的肉變成土壤。

如此一來，便形成了今天我們所看到的世界。

殺掉老虎，創造世界

中國彝族

中國的少數民族也擁有自己的創世神話。雖然其中部分與漢族類似，不過更多的是截然不同的神話。彝族人口超過七百萬人，是五十六個民族中排行第八大的民族。彝族人大多聚居於中國西南方的雲南省，在四川省、西藏也有不少。更遠處的越南或泰國，也有留下彝族的血脈。

即使同樣是彝族，由於散居在廣闊的土地上，自然而然留下了型態各異的神話。漢族早已創造自己的文字，能以漢字記錄神話內容，所以即使居住地區再怎麼不同，漢族也擁有基本類似的神話。但是少數民族大多沒有屬於自己的文字，即使有，也經常無法廣泛使用。所以人們以口耳相傳的方式傳承故事。尤其像神話或傳說，都是透過巫師等人的歌唱代代流傳，像是在大型宴會，以及祭祀、喪禮時，以詩歌或歌謠的方式傳唱。

彝族有自己的文字，據說是名為「畢摩」的巫師所創造。畢摩不單指巫師，也指在那段時期能讀懂文字的賢者。彝族也有記錄神話的圖畫經書，有時會在上面添加文字說明。儘管如此，由於神話大多透過畢摩口耳相傳，所以不同地區可能出現極大的內容差異。

在彝族的創世神話裡面，有一則描述殺掉老虎，創造世界的神話。讓我們一起來看看吧！

好久好久以前，那時沒有天空，也沒有大地，只有格茲天神獨自住在世界上。祂先是放下九顆金水果，水果全部變成兒子。其中五個兒子創造了天空。他們在喧囂打鬧、盡情玩耍的過程中，不經意的造出了天空。後來，格茲天神又放下七顆銀水果，水果全部變成女兒。其中四個女兒創造了大地。她們勤奮不懈地用手按壓土地，即使下雨也不停歇。

如此一來，有了天空，也有了大地。格茲天神出於好奇，想知道孩子們是否有好好創造世界。為了詳細確認，必須測量天空和大地才行。祂請飛蛾來測量天空，請蜻蜓來測量大地。經過測量，發現天空太小了，而大地又太大。五個兒子和四個女兒害怕被格茲天神責備，整天提心吊膽。

「別擔心，只要把太小的天空拉長，再把太大的大地縮小就行了。」

於是他們放出三對麻蛇，讓麻蛇縮小大地，又讓三對螞蟻整平凹凸不平的地面，再讓三對野豬和三對大象壓緊泥土。經過七天不捨晝夜的努力，最後出現了山，出現了茂密的樹林，也出現了平原和江河。不知不覺間，拉長的天空和縮小的大地恰巧彼此吻合。

這次，格茲天神又擔心天空是否足夠穩固，大地是否足夠結實。祂只要一打雷，天空立刻裂開；祂用力搖晃大地，大地就會破洞。格茲天神只好讓五個兒子縫補天空，於是兒子們以蜘蛛網為線縫補天空。四個女兒則負責修補工作，於是女兒們以樹葉為布填補大地。

任務還沒有結束，因為不知道天空什麼時候會塌下來。所以最後還需要一個能牢牢頂住天空的東西。

「世間萬物中，老虎是最勇猛的。你們快去把老虎抓過來！」

格茲天神一聲令下，五個兒子即刻啟程。他們在山稜線上引誘老虎，用張開的巨大鐵傘抓捕老虎。抓到老虎之後，眾人抽出老虎的四根大骨，以大骨支撐天空的四個角。天空從此不再搖晃，眾人高呼萬歲。

但是，總覺得還缺少了什麼東西。格茲天神一看，原來天上不但沒有太陽，連月亮和星星都沒有，也沒有雲朵和彩虹。環顧四周，發現大地沒有樹木、沒有海洋，也沒有野獸。

於是，祂以老虎的兩隻眼睛創造出太陽與月亮，以鬍鬚創造出陽光，再以牙齒做成星星，以氣息化為閃電。最後再以老虎的肚子創造大海，以腸子為河流、以肋骨為道路，就連老虎的毛和皮也各有用處。

最後，格茲天神將老虎的肉分成十二塊，給了鳥、狼、蜜蜂、蚊子吃，卻沒有分給挨餓的黑鳶。黑鳶一氣之下，張開巨大的翅膀飛向天空。牠颳起的風將太陽遮蔽，大地一片漆黑，分不清是白天還是黑夜。這下可糟糕了！

結果蒼蠅飛上天空，在黑鳶的翅膀上產卵。三天之後，翅膀上長出了蛆蟲，蛆蟲讓黑鳶掉落地面，天空重新綻放光芒。但是黑鳶掉落地面後，大地依舊是一片漆黑。這次輪到螞蟻站了出來，將黑鳶抬走。

「太好了，現在總算能分辨白天和黑夜了。」

眾人一陣喜悅，齊聲歡呼。

提阿瑪特和馬爾杜克的戰爭

美索不達米亞

世界各地經常可以看見用死去的身體創造世界的創世神話，差別只在於有的是用老虎創造世界，有的是用巨人或怪物創造世界，我們稱之為「屍體化生」神話。無論是猛獸、巨人，還是怪物，都是「屍體幻化為生命」。當然，這裡所說的生命不只有活生生的生命，而是指稱整個世界的概念。不存在的東西從死去的屍體中生出，這多麼神奇呀？可見他們也把太陽、月亮、山脈、平原視為生命吧。

總之，這些神話承載著這樣的意義：死亡不是終點，而是另一個生命的開始。神話以這樣的方式看待生命與死亡，具有非常重要的涵義。關於這點，之後會再細談。

現在被稱呼為「中東」的地區，是文明萌芽相當早的地方。儘管位處沙漠地帶，天氣炎熱乾燥，不過有底格里斯河（Tigris River）和幼發拉底河（Euphrates River）兩條大河經過，自古以來就是農業活動的發源地。因為每年氾濫的河水，足已孕育出一片肥沃的土地。在提取河水開闢河道後，河道沿岸形成的都市，也能買賣彼此需要的物品。

擁有這樣的地理條件，被稱為人類最古老文明的蘇美文明，之所以能在美索不達米亞流域綻放燦爛的光彩，想必不是偶然。繼蘇美文明之後，巴比倫王國於西元前十九世紀進入當地，建立起古代王朝。巴比倫是巴比倫王國的首都。

在記錄巴比倫創世神話的敘事詩《埃努瑪・埃利什（Enuma Elish）》當中，也出現殺掉可怕的怪物，以怪物創造天地與人類的故事。

太古之初空無一物，甚至連眾神都尚未出現。世界上只有甜水（淡水）阿勃祖（Abzu）和苦水（海水）提阿瑪特（Tiamat）。在太古之初的混沌中，兩者依然糾纏在一起。大地上沒有蘆葦田，也看不見沼澤。

在河水氾濫形成的沖積土裡，逐漸孕育出眾神的世界。也就是說，這些神都是阿勃祖和提阿瑪特的子女。這些孩子又生下與自己相像的其他神，祂們無時無刻不折磨著提阿瑪特。最令人厭煩的，當然是孩子們的嘻笑打鬧。提阿瑪特對孩子們的吵鬧非常不滿，卻依然忍耐下來，阿勃祖則無法忍受。

阿勃祖與兒子穆木（Mummu）一起向混沌之母提阿瑪特尋求建議，詢問該怎麼做才能讓這些年幼的神平靜下來。

「喔，提阿瑪特，幼神們正折磨著我。真不知道有多麼吵鬧，害我白天夜晚都不能好好休息。我不會放過祂們的。我要讓祂們感受悲傷和哀痛。這樣我們才不會受到折磨，可以高枕無憂。」

提阿瑪特聽聞此言，一邊點頭同意，一邊反問。

「那該怎麼做才好呢？」

穆木代替阿勃祖回答：

「幼神的力量再強大，仍然是孩子，您絕對有能力嚇阻祂們。」

於是，祂們一起制定了鎮壓幼神的計畫。

然而眾多幼神之中的埃亞（Ea），偷偷聽見祂們的對話，得知了祂們的計謀。埃亞下咒抓住阿勃祖與穆木，最終將祂們殺害。

提阿瑪特的兒子怪物金固（Kingu）向提阿瑪特報告。

「阿勃祖和穆木被殺死，我們沒辦法好好休息了。請您出面報仇！」

提阿瑪特立刻回應：

「好，準備發起戰爭吧！」

於是混沌與深淵的主人湧向提阿瑪特身旁，你一言我一語地忙著準備戰爭和擬定策略。

提阿瑪特製造出令人畏懼的武器，並命令金固召喚十一隻惡魔。於是，滿嘴獠牙，體內還流著毒液的巨蛇接到命令，紛紛趕來。長相兇猛的龍也聚集而來，牠們的外形令人望而生畏。毒蛇、蟒蛇、颶風怪、殘暴的獵犬、蠍人、魚人、山中的公羊等，也成群結隊而來。

提阿瑪特稱讚金固表現英勇，並任命金固為司令官。提阿瑪特賜給金固一塊「命運泥板（Tablet of Destinies）」，說道：

「你的命運終將不會改變。你的話語永遠擲地有聲！」

金固滿心激動，內心無所畏懼。

埃亞此時也得知了一切，包括提阿瑪特如何召集軍隊，又準備了哪些計畫驅趕眾神。祂找上父親安沙爾（Anshar），尋求父親的建議。

「提阿瑪特正處於憤怒之中，要將我們全部殺害。」

聽完埃亞的話，安沙爾雙手插腰，緊咬牙齒，非常不開心。安沙爾喚來兒子安努（Anu）。

「無所畏懼的安努啊！祢去勸勸提阿瑪特。希望能消除祂的憤怒，讓祂回心轉意。」

安努接下安沙爾的命令，前去拜訪提阿瑪特。然而提阿瑪特發出駭人的哭喊，噴出濃煙，令安努深感恐懼。最後安努沒能靠近提阿瑪特，便落荒而逃。埃亞隨後前去拜訪，也因為恐懼而逃跑。

最後，安沙爾只好找來埃亞的兒子馬爾杜克（Marduk），馬爾杜克被交付重任。祂開心的說道：

「神中之神呀，要是我能戰勝提阿瑪特，將一切恢復原狀的話，請您表揚我的偉大事蹟，並邀請眾神聚集到禮堂歡快慶祝。請讓我的話語也像您的話語一樣成為永恆吧！我將代替您決定眾神的命運。」

安沙爾召集了所有最高地位的神。眾神將禮堂擠得水洩不通，彼此互相問候，接著入座享用麵包，飲用葡萄酒。酒酣飯飽後，眾神心情愉快，也放下了戒心。安沙爾此時將決定眾神命運的權利交到馬爾杜克手上，說道：

「在最高地位的眾神之中，祢是最崇高的，沒有任何神能對祢的權威說三道四。我們要將這座宇宙的主權交給祢。現在起，祢的武器將是無敵的武器。圖謀叛亂的眾神快快退下吧，回心轉意的神將會有所收穫。」

馬爾杜克穿上新衣後，眾神欣喜呼喊。

「馬爾杜克是我們的新君主！」

於是馬爾杜克的命運就此決定。祂背起弓箭和棍棒，前去挑戰提阿瑪特。安努送給祂可以抓住敵人的網子。

馬爾杜克製造了七道風，讓這些風開路。祂乘坐著由速度快如光的四匹馬所拉的疾風電車，向前駛去，而屬下們緊隨其後。

馬爾杜克一路駛向提阿瑪特的藏身處。一見到馬爾杜克，提阿瑪特立刻施加詛咒。

「馬爾杜克！我一點都不怕祢。我的士兵們全都聚集在此，我的力量比祢強大。」

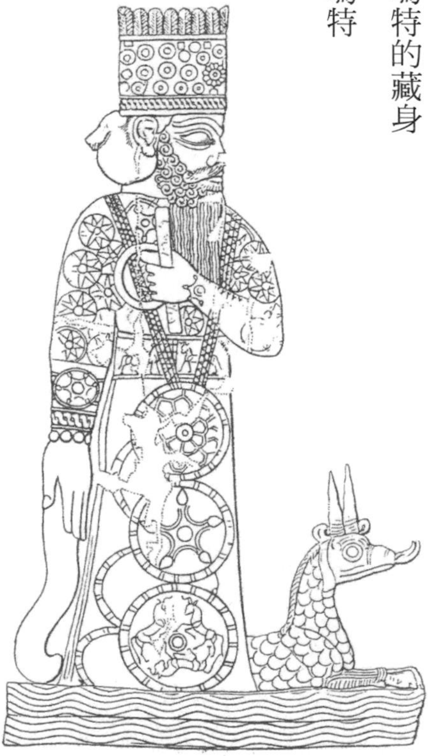

馬爾杜克

馬爾杜克抬起手臂，向提阿瑪特大喊：

「你向眾神發起戰亂，又賜給金固象徵權力的命運泥板。由此證明祢已經成為善與愛的敵人。」

提阿瑪特和馬爾杜克立刻展開戰鬥。馬爾杜克丟出安努所送的網子，抓住了龍群。提阿瑪特張開大嘴，迎面而來。馬爾杜克立刻向祂的嘴裡吹風，提阿瑪特因為嘴巴張得太大，無法立刻閉上，所有暴風雨和颱風湧入祂的嘴裡，導致提阿瑪特的心臟逐漸衰弱。就在提阿瑪特氣喘吁吁地癱坐地上時，馬爾杜克也沒有錯過這個機會，趕緊射出長矛。長矛穿過心臟，提阿瑪特最終一命嗚呼。

原本追隨提阿瑪特的眾神與龍、蛇等也全數難逃。馬爾杜克以巨大的網子捕獲牠們，並加以折磨。最後，祂抓住金固，搶走「命運泥板」。馬爾杜克將自己的印章蓋在泥板上，並貼在自己的胸前，安沙爾的命令就此完成。

戰勝的馬爾杜克成了眾神之王。祂首先以棍棒懲罰敵人，眾神為此聚集在一塊，高聲歡呼。祂們將提阿瑪特的身體分成兩塊，馬爾杜克以其中一塊裹住天空，使天空不會掉落，並以另一塊創造了大地。接著，馬爾杜克創造出與自己外貌相像的星座，固定在夜空中。創造出底格里斯河和幼發拉底河的神，也是馬爾杜克。

最後，祂決定要創造崇拜神的人類。祂追究金固唆使提阿瑪特出戰的罪名，為了懲罰，切斷金固的血管，以血管中流出的血液製造人類。看來，在這個創世神話中，打從一開始，人類便已注定要為神服務的命運了。

攪拌乳海，創造世界

印度

印度是眾神之國。有多少神呢？有些人開玩笑說：「在印度，神的數量遠比人還多。」由於幅員遼闊，每個地區供奉的神祇也各不相同。不過在印度教中，供奉三大主神梵天（Brahma）、毗濕奴（Vishnu）、濕婆（Shiva）為最高神的情形，在任何地區都是一樣的。

在印度教的經典中，有一部《吠陀經》（Veda），其中的《梨俱吠陀》（Rigveda）也記載著以屍體創造世界的創世神話。這次的主角是巨人普魯沙（Purusa）。

普魯沙是擁有千眼、千首、千手的巨人，也是世間萬物之主。他身體的四分之三直達天庭，化為永不消滅的存在，誕生出永世不死的眾神。其餘四分之一則留在地上，變成一切生物與無生物。祂的嘴中生出婆羅門（Brahmin）；手臂生出剎帝利（Kshatriya）；大腿生出吠舍（Vaisya）；雙腳生出首陀羅（Shudra）。印度教種姓制度的四個階級，便是由此而來。

此外，祂的心生出月亮；眼睛生出太陽；肚臍生出大氣；頭部生出天空。腳呢？自然是生出大地，耳朵則是生出東西南北四個方向。太古之初的巨人普魯沙犧牲自己的身體，創造了整個世界。

不過，還有許多比這更有趣的創世神話。其實印度教和基督教相當不同，基督教認為世界被創造出來後，將會逐漸走向毀滅，而印度教認為世界的結束又將帶出新的開始。換言之，新出現的事物死去，而死去的事物又重生。所以在印度教神話中，無法明確指出哪一個才是創世神話。

前面提到印度教的三大主神，各有其主要的功能。一般而言，梵天負責世界的創造，毗濕奴負責世界的維持，而濕婆負責世界的破壞。據說梵天睡著時，世界隨之死亡；梵天醒來後，世界又重新開始。梵天的一天非常漫長，是人類難以想像的。祂的一天稱為「kalpa」，中文翻譯為劫，也就是我們所說的「萬劫」中的劫。

相同的概念也出現在佛教中，總之是指非常漫長的時間單位。如果非要以人類時間來計算的話，相當於四十三億兩千萬年。經過這樣的一天，梵天自己也感到疲倦而陷入沉睡。此時，宇宙瓦解為水，被吸收進梵天的體內，之後又進入同等漫長的沉睡狀態。

這種宇宙的生成與瓦解不斷反覆，經過一兩個月、一年，最後達到百年，而梵天的生命也走向盡頭。至於後來怎麼了？因為每部經典的內容稍有出入，無法一概而論，不過據說宇宙瓦解為火、水、空間、風、土等五大要素。

在創造世界時，不是只有梵天的角色才重要。在某些情況下，毗濕奴也在創造萬物時發揮重要功能。讓我們來看看其中一則創世神話吧！

某天，最高神濕婆的崇拜者兼苦行僧陶爾梵剎斯（Durvasas），外號叫「敝衣仙人」，他將天庭之花紮成的花束獻給因陀羅（Indra）神。因陀羅隨手將花束放在自己乘坐過的大象背上，結果大象一晃動身體，花束立刻掉落地面。而且大象的巨腿還踩踏著花束。陶爾梵剎斯看了驚訝又生氣，他以充滿憤怒的口氣施加詛咒。據說他平時就是一個以愛發脾氣出名的苦行僧呢！

「祢竟然無情地踐踏了我的好意。這口氣我忍不下去。我要詛咒祢和跟隨祢的其他眾神，都將因為祢無禮的行為而失去力量。」

他的詛咒最後成真了。眾神的力量逐漸消弱，而惡魔趁機發起戰爭。儘管戰爭連年不斷，眾神卻因為陶爾梵剎斯的詛咒，始終無法戰勝惡魔。

眾神向濕婆請求幫助，然而濕婆卻充耳不聞。無奈之下，眾神只得前去尋找住在聖山上的創造之主梵天，尋求幫助。只是梵天一時也想不到合適的辦法能幫助眾神。在經過一陣沉思後，祂只好開口說道：

「我無法幫助祢們。」

最後，眾神又前去尋找另一位最高神毗濕奴。毗濕奴表示願意幫助祂們。

「祢們必須喝下不死的甘露艾姆麗塔（Amrita）。那是攪拌牛奶之海時產出的靈藥。只要喝下它，任何人都不會死。」

但是單憑眾神的力量無法攪動牛奶之海，祂們決定借助惡魔的力量。

「如果你們願意提供幫助，我們會分給你們不死的甘露。那麼，你們也可以像最高神一樣獲得永生。」

毗濕奴

惡魔們連連說好，決定幫助眾神。想要攪動牛奶之海，必須有個巨大的支架。眾神與惡魔們得到毗濕奴的幫助，將巨大的曼陀羅（Mandala）山拔起，倒放作為支架，並且將它固定在巨大的烏龜背上。其實，那隻烏龜正是毗濕奴變成的化身（Avatar，也就是阿凡達的意思）。

眾神與惡魔們還需要一根又長又堅固的繩子，才能攪拌牛奶之海。於是毗濕奴命令巨蛇婆蘇吉（Vasuki）纏繞曼陀羅山。最終，眾神與惡魔們分別站在支架的兩端，抓住婆蘇吉開始行動，就像你拉我扯的拔河一樣。婆蘇吉每動一下都疼痛難忍，一邊發出痛苦的呻吟，一邊扭動身體。然而眾神和惡魔們連眼睛都不眨一下，滿腦子只想著可以得到不死的甘露。

拔河整整持續了一千年之久，最後牛奶之海開始流出液體。不過，一開始流出的並非甘露艾姆麗塔，而是海底雜質硬化形成的死亡毒藥。只要一滴就能殺死所有神和惡魔，是相當致命的毒藥。在這危險關頭，負責破壞世界的最高神濕婆忽然出現，毫不猶豫地吞下毒藥。但是即使是濕婆，將毒藥喝進肚子裡也會致命，所以祂並未吞進肚子裡，而是暫時存放在喉嚨中。這也是為什麼現在濕婆的喉嚨都畫成青色，正是因為這個原因。

眾神與惡魔們耐心的等待。不久後，美麗的母牛蘇拉比（Surabhi）現身。這隻母牛後來成為一切生命之母。接著幸運女神拉克希米（Lakshmi）手持睡蓮，坐在蓮花上出現。天上所有聖人都開始稱讚祂，惡魔們也紛紛想討好女神的歡心，不過拉克希米對所有人都不屑一顧。

再來是眾神的醫生曇梵陀利（Dhanvantari），身後帶領飛天女神阿普莎拉（Apsara）出現。此時，天空瞬間綻放光明。曇梵陀利手中的瓶子裡，裝著的正是眾人急切期盼的甘露艾姆麗塔。當初說好彼此公平享用的約定，早已消失無蹤，眾神與惡魔們開始你爭我奪，大家都想搶先拿到不死的甘露。

在這場爭奪中，眾神與惡魔傷亡慘重，最終惡魔贏得勝利，艾姆麗塔落入惡魔的手中。如果被他們喝下肚，毫無疑問，世界肯定會發生極大的不幸。

此時，毗濕奴想了一個妙計。祂化身為世界上最美麗的女人莫西妮

（Mohini），出現在惡魔面前。惡魔們原本正在爭論誰先喝艾姆麗塔，忽然像失了魂魄般，眼睛發直地盯著莫西妮。

莫西妮用嬌媚的聲音說道：

「看誰眼睛閉得最久，我就和誰結婚。」

惡魔們全都閉上了眼睛。毗濕奴趁機奪走艾姆麗塔，並決定只把艾姆麗塔分給眾神喝。惡魔們這時還傻傻地閉著眼睛呢！毗濕奴開始將艾姆麗塔分給排隊領取的眾神。此時，在惡魔之中以狡猾聞名的羅睺（Rahu）發現上當了，偷偷混入眾神中一起排隊。輪到羅睺喝艾姆麗塔時，太陽神蘇利耶（Surya）與月神蘇摩（Soma）趕緊提醒毗濕奴：

「他是惡魔，不可以讓他喝艾姆麗塔。」

毗濕奴聞言迅速以手中的武器圓盤砍斷羅睺的脖子。羅睺雖然沒有喝下艾姆麗塔，卻已經將艾姆麗塔含在嘴中，所以頭部並沒有死亡。他無法原諒告密的太陽神和月神，開始追逐祂們，要將祂們吃下肚。在一番追逐後，羅睺好不容易吞下太陽，卻因為太燙而立刻吐出；好不容易吞下月亮，又因為太冰而立刻吐出。儘管如此，羅睺仍沒有放棄，繼續追逐太陽和月亮。今天我們所說的日蝕和月蝕現象，就是這時候開始出現在神話中的。

另一邊，惡魔們直到睜開眼才發現自己被騙了。可惜為時已晚，眾神已經將甘露艾姆麗塔喝光光。於是從這時候開始，只有眾神獲得永生，而且永遠能戰勝惡魔。

眾神也會做出令人憎惡的事嗎？其實這個故事當中的眾神和惡魔，和我們今天只用善與惡來區分祂們的角色，認知有很大的不同。因為那是關於一切事物形成之前的故事。無論如何，看見祂們也會插隊、告密，還會氣到拚命追逐彼此的模樣，就像看到我們自己的樣子，真令人感到親切啊！

善神與惡神的對決

波斯

波斯是指現在的伊朗地區，過去曾經是興盛一時的古代王朝，並一度發展為強盛的帝國。然而在西元七世紀伊斯蘭教傳入該地區後，只剩文化方面還保留著波斯古文明的命脈。

早期波斯地區的主要宗教為祆教，因為崇拜火，又被稱為拜火教。祆教最大的特徵，是強調善神阿胡拉・馬茲達（Ahura Mazda）與惡神安格拉・曼紐（Angra Mainyu）相互對抗、對決的二元世界觀。而波斯創世神話的內容，也是以這兩種神的對抗與對決過程為主。

善神阿胡拉・馬茲達是永久居住在無盡的光明之中，而惡神安格拉・曼紐的住處則是在無盡的黑暗深淵中。阿胡拉・馬茲達起初在造物時，那些創造物長達三千年都只停留在精神狀態中。既無法用手觸摸，也無法獨立思考、活動。反之，安格拉・曼紐的創造物令人望而生畏，腐敗且邪惡。

阿胡拉・馬茲達去見安格拉・曼紐，提倡守護世界的和平。

「惡靈呀，給予我的創造物幫助和稱讚吧。那麼我也會為你和你的創造物祈禱永生和永存。」

安格拉・曼紐對阿胡拉・馬茲達的提議嗤之以鼻。

「哼，想都別想！憑什麼要我幫助、稱讚你的創造物？我絕對不會那麼做的。我反倒要破壞你的創造物，甚至要讓它背叛你，全都歸順於我。」

能預測未來的阿胡拉・馬茲達，早已料想到這樣的對話，所以祂告訴安格拉・曼紐：

「我們的矛盾只會維持九千年。」

因為阿胡拉・馬茲達知道，在九千年之後，惡靈們將會消失。這九千年可以區分為阿胡拉・馬茲達的善良意志發揮力量的第一個三千年、雙方勢均力敵的第二個三千年，以及惡靈們失去力量的最後三千年。

首先，阿胡拉・馬茲達念出力量強大的禱告文，讓安格拉・曼紐慌張不已，躲進幽深潮濕的黑暗之中，然後在那裡待上三千年。在這段期間，阿胡拉・馬茲達的創造物得以維持性命，並未受到任何傷害。正如前面所說，這些創造物只能以精神的狀態存在，經過第一個三千年後，他們才會擁有實際的形體。

在創造宇宙的第一個階段，阿胡拉・馬茲達創造了沃夫・瑪南（Vohu Manah），也就是「善意」；安格拉・曼紐創造了阿給・摩那（Ake Mana），也就是「惡意」。阿胡拉・馬茲達接連創造了天空、海洋、大地、植物、動物，最後創造了人類。

創造天空時，阿胡拉・馬茲達也一起創造了星座。星星就像天生註定要與惡靈對抗的戰士一樣，六百四十八萬顆小星星密密麻麻地分布在各個區域，而在東西南北四個方位，各安排大犬座（東）、金牛座（西）、人馬座（南）、大熊座（北）四顆統領星。在那之後，阿胡拉・馬茲達又接著創造了太陽和月亮。

阿胡拉・馬茲達在創造天地的同時，魔女賈赫（Jeh）搖醒了沉睡中的安格拉・曼紐。

「快起來，現在不是睡覺的時候。您是我們的父親，您忘記我們該做的事情了嗎？我們得為世界帶來衝突，還要折磨、傷害阿胡拉・馬茲達。這可是我們的重要任務啊！」

這時，安格拉・曼紐才從沉睡中醒來。他將那些追隨賈赫的惡魔們，送往阿胡拉・馬茲達才剛創造完成的世界。安格拉・曼紐則像隻蛇一樣，向天空爬去。這一刻，天空彷彿遇上野狼的羊群一樣，因為恐懼而分崩離析。惡靈們奔向一切創造物之中，不受控制地破壞、刨抓，整個世界頓時變得如同深夜般漆黑。

阿胡拉・馬茲達連忙為天空砌上防護牆，總算才阻止了安格拉・曼紐與惡魔們的暴力行為。這下惡靈再也無法鑽進「善」的世界。遍尋不著入口的惡靈，只好回到地底的黑暗之中。

在創世的第二個階段，阿胡拉．馬茲達創造了海洋。所有水流向位於厄爾布爾士（Alburz）山脈南端的奧爾卡夏（Vourukasha）海。這座海洋相當寬闊，足以容納一千座湖泊。當時一座大湖泊之廣，即使人們騎馬奔馳四十多天，也沒辦法繞完一圈。

阿娜希塔（Anahita）是春天的女神，所有河水皆源於阿娜希塔。祂憑藉生命的力量，使所有國家繁榮昌盛。當然，祂不僅讓原野變得更肥沃，也讓所有男性的子嗣更加潔淨，讓所有女性的子宮更加純潔。因此，女性才能安全產下孩子，並且擁有乳房和乳頭。

「種子之樹」在奧爾卡夏海的正中央萌芽茁長，樹上長出世上所有的植物。在種子之樹旁，有一棵名為「高克雷納（Gaokerena）」的樹木，意思是「牛角」。該樹木不會老去，是一棵永保長青的生命之樹。任何人吃下這棵樹的果實，都能得到永生。神鳥斯姆爾格（Simurgh）築巢守護著這棵樹，始終保持戒備的目光。

在這個階段，安格拉·曼紐並沒有袖手旁觀。如果不搞破壞，那他不僅稱不上是惡靈，更會失了面子。於是他在奧爾卡夏海的深處化身蜥蜴，打算傷害高克雷納樹。但是阿胡拉·馬茲達早已預知此事，派出自己創造的卡爾（Kar）魚，環繞在高克雷納樹和樹根附近提高警戒。有人說卡爾魚有十隻，也有人說是兩隻。

在創造的第三個階段，大犬座中最亮的天狼星（Sirius）降下大雨，大地洪水氾濫。於是，地面上一切有害的毒物全被沖刷帶走。大水退去後，出現三十三塊的土地。不服輸的安格拉·曼紐，用力晃動正中央的土地，此時，大量的山從地底冒出。

最先冒出的山是厄爾布爾士山。山頂之高，幾乎直達天空。其他山也紛紛從厄爾布爾士山的底部冒出。厄爾布爾士山的其中一座山頂特拉（Thera）山上，高掛著太陽、星星與月亮；另一座山頂胡凱里亞（Hukairya）山中，流淌出春神阿娜希塔的潔淨之水。

接著誕生了「火」。由於火是源於阿胡拉·馬茲達，代表神聖，受到人們的敬重，因此被永遠供奉在拜火廟（Ateshkadeh）中。

第四個創造與動物有關。就像所有植物全都由高克雷納樹而生，所有動物也都由「原牛」而生，這隻原牛是所有動物的父親。

安格拉．曼紐想辦法靠近原牛，伺機攻擊牠。阿胡拉．馬茲達特別製作出一種「比納特（binat）」的解藥，盡可能減輕安格拉．曼紐造成的毒害。即便如此，仍然無法完全阻擋。原牛受到安格拉．曼紐的攻擊，開始痛苦地扭動著，在一陣急促的喘息後死亡。當這隻原牛的靈魂格什．烏爾萬（Geush Urvan）離開身體的瞬間，阿胡拉．馬茲達放聲大哭，聲音之大彷彿千人同時哭泣。

「現在還有誰能來守護我所創造的生命？眼看土地將要乾涸，植物都將枯萎。真是讓人悲傷！要是我當初把萬物造得更堅強，也許現在就不會遭受惡靈的毒害折磨了……。」

格什．烏爾萬飛向繁星時，痛哭不已。為了報答原牛，阿胡拉．馬茲達答應送給他守護動物的未來預言。這下子，格什．烏爾萬才心滿意足的離開，從此成為動物們的守護者。

另一方面，原牛死後的身體中，繁衍出各式各樣的動植物。像是牠的骨髓長出穀物，牛角長出豆類，鼻子長出韭菜，血液長出葡萄藤，肺臟長出藥草，心臟長出百里香。至於最初的人類——原人（Gayomart）的出現，則是之後的事了。

環繞天柱，開疆闢土

日本

眾所周知，日本神話是世界上最完整也最有系統的神話。不過擔心部分讀者誤會，這裡得先澄清一點，那就是神話沒有好壞，也沒有優劣，有的只是每個國家、每個民族不同的神話而已。這裡說日本神話是最有系統的神話，並不是在強調日本神話是最了不起的神話。

為什麼這麼說呢？因為其他國家或其他民族的神話，大多受到歷史朝代更迭的影響，經常被隨意修改而斷章取義，甚至就此從歷史上消失。但許多記錄日本神話的文獻，卻記載得非常詳細，從世界創造之初到日後歷代國王都有，幾乎讓人難以分辨是神話還是歷史。

在《三國遺事》（譯註：由韓國新羅時代一然和尚撰寫之野史）等韓國歷史書籍中，也可以找到不少神話，不過並不如日本那樣井井有條。韓國神話稍微鬆散、雜亂。尤其是建國神話，最大的特徵是只把重點放在建立國家的始祖身上。即使三國時代（譯註：指高句麗、百濟、新羅三國同時存在於朝鮮半島的時代，相當於西元前一世紀至七世紀）各國始祖都是赫赫有名的人物，後人也沒有將他們集合在一起，編成一個新的神話吧？日本神話則非常不同，任何一處的內容都沒有中斷，前後的串聯相當流暢。強調日本皇室血統不曾中斷的「萬世一系」說法，也體現在日本神話。

其實日本神話並非一開始就是如此，而是後來日本想打造大一統的國家時，刻意蒐集過去散落各地、獨立存在的各個部族神話，編造成「一個（國家的）神話」。當然，無論是誰掌握了新的政權，這種行為都是他們強化自身權力最好不過的手段。國王的祖先必然會追溯至最初創造世界的神。換句話說，目的是為了突顯國王的神聖性，而將各種神話集結在一起，編成完整單一的神話。

日本神話中最重要的，是神最初創造的不是「世界」，而是「國土」。這點也是和其他國家、其他民族的創世神話有明顯的差異。一般創世神話大多描寫神創造太古之初的天地，或是說神創造了混沌不明的世界。不過，日本神話特別不一樣，認為一開始就已經創造了日本這個國家所在的土地。

好，現在來看看日本的國土是怎麼產生的吧！

在天國「高天原」中，居住著地位最高、最偉大的諸神。當時大地尚未完全凝固，只是像油脂一樣漂浮在大海上。最高主宰神喚來兄妹神，分別是伊邪那岐與伊邪那美，對祂們說道：

「伊邪那岐、伊邪那美啊，這裡有一支用天國的玉做成的矛，帶著這個矛下凡，讓油脂般漂浮的大地凝固，就由祢們來完成這個任務！」

這兩位神接過了命令，站在天橋上，用矛插入油脂般漂浮的大地，開始攪拌了起來。不知道攪拌了多久，兩位神提起矛，這時從矛尖落下了幾滴鹽水，凝固後形成「淤能碁呂島」，意思是自然凝結而成的島。

男神伊邪那岐與妹妹伊邪那美下凡到島上，佇立起高高的柱子，搭建了居住的屋宇。兩位天神從此結合為夫妻。

伊邪那岐問道：

伊邪那岐與伊邪那美

「伊邪那美呀，祢的身體是什麼模樣？」

伊邪那美回答。

「我的身體缺了一塊地方。」

「太好了！我的身體剛好多了一塊地方。用我多出來的，填補祢缺少的，一起創造出國土吧。」

祂們決定環繞天柱，創造國土。伊邪那岐向左邊繞，伊邪那美向右邊繞，當彼此相遇時，伊邪那美稱讚了伊邪那岐的面容：

「真是一位美好的男子！」

於是這兩位神生下了名為水蛭子的孩子，不幸的是這個孩子沒有手腳。祂們深感惋惜，只有將這個孩子放在船上，任憑小船順水流去。

伊邪那岐與伊邪那美向高天原的諸神請教孩子缺手腳的原因，眾神回答：「女人先說話不好。」伊邪那岐與伊邪那美又再次環繞天柱，這次伊邪那岐先開口：

「伊邪那美真是美好的女子啊！」

接著，淡路島、四國島、隱岐島、九州、壱岐島、對馬島、佐渡島與本州等八個島陸續誕生。這八個大島統稱「大八洲」，是現代日本國土的主要島嶼。祂們又從口中噴出濃霧，形成了風神。肚子餓時產下的孩子，變成名為「宇迦之御魂」的穀物之神。之後伊邪那岐與伊邪那美繼續產下許多島嶼，也產下許多神。伊邪那美最後為了生下火神，被烈火燒傷而死。伊邪那岐無法接受深愛的妻子死去，終日為亡妻痛哭。

為求方便，這裡只舉八個大島的名字說明，其他地名暫且省略。在《古事記》和《日本書紀》等記錄日本神話的書籍中，具體描寫了大量的地名，數不勝數。這點也是和其他民族、其他國家的創世神話最不一樣的地方。

順帶一提，最初伊邪那美先開口說話，神話中認為這是「不好」的，必須先由男性開口說話才行。與其說一開始就是這樣的內容，不如說是之後男性至上的社會形成時，透過神話希望影響人們的想法。

想想看

❶ 如字面所說，創世神話是關於「世界之初」的故事。其實世界最初是什麼模樣，根本沒有人見過。即便如此，後人仍能將世界之初的故事描寫得如此生動。原因是什麼呢？

提示 是不是因為對未知的恐懼與好奇，才創造出許多故事呢。

❷ 在全世界的創世神話中，巨人死後身體化為今日世界的「屍體化生神話」，占了不少的比重。早期人類為什麼會有這種信仰呢？

提示 太古之初的「巨人」不單是體型巨大的意思，也可以指超越我們想像的遙遠事物、未知事物或混沌本身。

人類究竟為什麼會出現呢？
古人也同樣提出了這個問題。
透過自身民族的神話，
他們試著以自己的方式尋求解答。

第2章
尋找人類誕生的祕密

世界各地人類的誕生

正如前面所說，根據基督教聖經的記載，上帝創造世界，人類到了最後第六天才出現，甚至晚於綠草、蔬菜、樹木與鳥、魚類、禽獸。上帝照著自己的形象造男造女。

這裡有幾個受到比較多討論的地方。上帝創造萬物後，到了第七天終於安息。可是聖經後面又說：「野地還沒有草木，田間的菜蔬還沒有長起來，因為耶和華神還沒有降雨在地上，也沒有人耕地。但有霧氣從地上騰，滋潤遍地。」（創世紀第二章第五節之六）

接著又出現了最初造人的內容。上帝用地上的塵土造人，將氣息吹在他的鼻孔裡，這才成為活人。這個能夠呼吸的最初人類，正是身為男性的亞當。女性則要到之後，才被創造出來做為亞當的配偶。

那麼上帝第六天造的男女，和亞當、夏娃是同一群人嗎？真讓人摸不著頭緒。不過也沒有必要如此追究細節，因為如果用現在的標準來看，聖經會有許多難以理解的事情。

無論如何，我們在意的是「最初的人類」。正如以色列民族將亞當和夏娃視為最初的人類一樣，東方的民族也各自流傳著關於人類祖先的故事。這些最初的人類必然是不同的，他們的誕生過程也各不相同。

最初的人類當然不可能來自於我們現在理解的「母親」，所以關於他們出生的祕密相當有趣。神話中最常見的故事是像上帝那樣摶土造人，不過也有像果實一樣從樹上掉下來的人類，或是像雛鳥一樣破蛋而出的人類。甚至還有稍微讓人作嘔的說法，認為人類是來自於造物主身上的汙垢或排泄物。像是在韓民族流傳的一則創世神話中，提到最初的男女就是來自於蟲子。

很久很久以前，彌勒一手托著銀盤，一手托著金盤，向上天祈禱。

上天降下蟲子，五隻掉在金盤上，五隻掉在銀盤上。蟲子得到照料，金蟲化為男人，銀蟲化為女人，金蟲、銀蟲長大成人，結合為夫妻，世上開始有了人類。

以上是朝鮮日治時期（譯註：一九一〇～一九四五），住在咸鏡南道咸興地區的女巫「金雙石伊」傳唱的《創世歌》部分內容。在這段內容之前，講的是天和地原本相連在一起，彌勒趁著天空像鍋蓋一樣微微鼓起的空檔，在大地的四個角落矗立銅柱，於是天和地從此被分開。之後的內容則是彌勒尋找水和火的源頭。

有趣的是，彌勒在尋找水和火的源頭時，最先向蚱蜢詢問。蚱蜢一邊跳上跳下，一邊說道：「我這種早晚靠露水和陽光活下去的小蟲，怎麼會知道那種事情呢？」於是牠推薦了比自己見識更廣的青蛙。但是青蛙也說自己什麼都不知道，推薦了老鼠。

對於彌勒的問題，機靈的老鼠先提出了條件：「如果我告訴你答案，你要給我什麼好處？」於是彌勒答應給老鼠一個米櫃。雖然米櫃近年來比較少見，但過去可是家家戶戶都有裝米的米櫃呢。老鼠一聽，開心地唱出這首歌。

走進金井山，一邊是石英，一邊是鐵。用力一敲，生出火來吧！
走進少霞山，泉水緩緩流出，是水的源頭。

彌勒這才知道了火和水的源頭。無論如何，我們可以知道在這個故事裡，動物比人類更早認識這個世界。

在創世神話中，像這樣先有了宇宙萬物，最後才出現人類的情況比比皆是。是因為人類是最高尚、最不可或缺的存在，所以才這樣的嗎？這裡還留下一個更根本、更重要的問題——人類究竟為什麼會出現呢？

遠古的人類想必也曾經提出類似的問題。這個問題其實不需要太嚴肅的哲學討論，而是像長輩抱怨人生的許多無奈和命運悲慘那樣。老人家常常會說：「唉喲，我的命怎麼這麼苦。為什麼我要生下來受這種苦？」

遠古時代的生活，應該比現在更艱苦吧。有時候遇上嚴重的旱季，有時候又是連日的豪雨；有時候地震把大地震裂，有時候海嘯又來得措手不及。在一片漆黑的夜晚，轟隆作響的雷聲和天上一閃而過的閃電，多麼令人害怕啊？打雷的時候，他們也無處躲藏吧？暴風雪來臨時，肯定冷得令人直發抖吧？當時食物也沒有那麼容易取得，因為開墾土地、種植穀物的農耕行為，這些都要等到很久之後才會出現呢。

遠古的人類只能採集現有的食物，過著有東西就吃，沒有就得餓肚子的生活。從食用野獸的生肉，到學會用火，把生肉烤熟來吃，這個轉變可以稱得上是人類史上第一次的「革命」了。即便如此，人類的性命依然相當脆弱。人類最初的平均壽命可能只有二十歲左右吧。遠古人類只要染上任何疾病，即使那不是嚴重的傳染病，也會立刻撒手人寰。更別說只要走出洞穴幾步，可怕的野獸就會立刻張牙舞爪，所以他們每天都過著戰戰兢兢的生活。

「要是我沒有被生下來就好了！」多數人心裡大概都是這麼想的吧。不過肯定也有人持不同想法：「天生我材必有用，我的誕生一定是有什麼原因的。」

人類主動思考自己「存在的理由」，並且試著找出解答的過程，是一個非常珍貴的經驗。也許正是那樣的提問和回答，人類才能成為不同於其他靈長類動物的真正人類，也就是懂得思考的人類——「智人（Homo sapiens）」。

神話的誕生，也和這一切息息相關。想要探索人類誕生的祕密，不能只靠化石或ＤＮＡ標本。世界上各個民族都用自己獨特的方式，透過神話提出疑問，並且試著尋找答案。

現在，就讓我們一起來看看東方各個民族的神話中，是怎麼流傳人類誕生的祕密吧。

用人類世界當賭注

蒙古

前面提到咸鏡道的《創世歌》，在這首歌的後半部出現釋迦牟尼，向早先存在於世界的彌勒宣戰。不是有句諺語說「乞丐趕廟公」嗎？釋迦後來才出現，要和彌勒決定誰來統治世界。

彌勒佛接受了釋迦佛的挑戰，然而釋迦屢戰屢敗。於是釋迦耍了小伎倆，在「開花對決」中獲勝。彌勒一氣之下，對釋迦施以可怕的詛咒，從此消失。

當然，彌勒和釋迦都是佛教中的佛，我們要知道唱這首《創世歌》的人是巫師。佛耍小伎倆獲勝這件事，可以解讀為歷來侍奉彌勒為佛祖的韓國傳統信仰（也就是「薩滿信仰」），在佛教傳入韓國後，遭遇了空前的危機。

不僅是在韓國，東北亞各個國家也有流傳類似彌勒和釋迦對決的故事，就連遙遠的蒙古也是。在蒙古神話中，還出現人類因此遭受池魚之殃，無端受害的情況。人類是怎麼出現爭吵、欺騙、竊盜的壞習慣呢？蒙古神話是這麼告訴我們的。

太古之初是一片汪洋，尚未出現陸地。釋格慕尼・布爾汗（Shigmuni Burhan）、邁達爾・布爾汗（Maidar Burhan）、額策格・布爾汗（Etseg Burhan）三位造物主從天而降，覺得世界似乎少了些什麼。

「要是有大地的話，一定會更漂亮、更美好。」

三位布爾汗一致同意創造大地。布爾汗（Burhan）一詞，指的是偉大的神或佛祖。所以我們可以把釋格慕尼・布爾汗看作是釋迦牟尼佛，把邁達爾・布爾汗看作是彌勒佛，而額策格・布爾汗則是父親神。

這時，祂們正好看見昂卡特（Angat）帶著十二隻雛鳥飛過水面。昂卡特也就是鴨子或鴛鴦。總之，布爾汗對這隻昂卡特說道：

「昂卡特，你去水裡拿黑土、紅土和沙子出來。」

昂卡特聽話照辦。於是，布爾汗將昂卡特拿來的黑土、紅土和沙子撒在水面上，創造了大地。接著又撒上樹木和各種植物的種子，讓種子快快發芽茁壯。

布爾汗帶著滿意的表情，從天上看著自己的成就。那是多麼漂亮的景象，和過去一片汪洋的景象完全無法比擬。然而，三位布爾汗還是覺得少了些什麼。

「我要創造人類，讓他們生活在這片美好的大地上。」

幾位布爾汗的想法一致，祂們用紅土創造人類的身體，用白色的石頭創造骨骼，用水創造血液。於是，第一對男女就此誕生。接著，三位布爾汗賦予他們生命。這對男女獲得生命，立刻動了起來。

「好，現在我們該來討論一下，看看誰要成為人類世界的主人，負起照顧人類的責任。」

雖說是討論，其實祂們都有「捨我其誰」的想法，無法立刻達成共識。最後只有在「打賭決定」這件事上意見一致。所謂的打賭，是在各自面前放一個碗，布爾汗同時入睡，醒來後看誰的碗裡發出光芒，開出花朵。

翌日清晨，釋格慕尼・布爾汗最先醒來，發現邁達爾・布爾汗面前的碗裡開出花朵，並且綻放著耀眼的光芒。祂趕緊將那個碗和自己的交換，再若無其事地重新入睡。

等到三位布爾汗全都醒來，一看面前的碗，只有釋格慕尼・布爾汗的碗裡開出花朵，綻放光芒。於是，釋格慕尼・布爾汗便開始掌管與治理人類世界。

過了許久，邁達爾・布爾汗才得知實情，知道是釋格慕尼・布爾汗偷偷交換了自己的碗。祂大發雷霆，對釋格慕尼・布爾汗施加詛咒。

「祢竟然耍詐欺騙了我，我要讓祢受到懲罰。以後祢掌管的人類，也將會彼此欺騙、撒謊、偷竊！」

邁達爾・布爾汗和額策格・布爾汗一起返回天上。釋格慕尼・布爾汗正巧有事必須處理，於是吩咐自己養的狗照顧這對男女後，也回到了天上。此時，邱特古勒（幽靈）現身了。狗不停吠叫，擋住邱特古勒的去路。邱特古勒說道：

「如果你聽我的話，我就給你溫暖的皮毛和食物。」

狗立刻就被這句話說服了。當時人類有禦寒的皮毛，而狗沒有毛，從這時開始，狗才有了皮毛。

邱特古勒走向沉睡的男女，吐了口水後消失。後來釋格慕尼·布爾汗從天上回到人間，得知這一切原委後，大聲斥責這隻狗。

「你這隻糊塗的狗！你以後一定會忍受挨餓之苦，只能勉強撿人類吃剩的食物來吃！當你肚子餓得發出呻吟，還會被人類痛打一頓！」

從此之後，狗獲得了皮毛，不過只能吃人類丟掉的剩菜剩飯。

同時，釋格慕尼·布爾汗也除去了這對男女身上被邱特古勒口水弄髒的皮毛，將他們重新打理乾淨。

女媧摶土造人

中國漢族

在中國漢族的神話中，世界是由巨人盤古開天闢地而成，而創造人類的則是女神女媧。關於女神的身分，還有另一段故事。

首先，有一種說法是女媧並非創造人類的女神，而是一條有著人臉的蛇。在這個傳說中，女媧不是獨立存在的，牠通常和伏羲一起以夫妻的形象出現。從遠古墓地附近石壁上雕刻的壁畫來看，女媧和伏羲的上半身衣著端正，是形象莊重的人身樣貌，然而下半身卻是尾巴相互交纏的蛇身模樣。

女媧手拿圓規，伏羲手拿曲尺，這當然是為了強調祂們作為人類文明始祖的意義。女媧也經常以另一個形象出現，那是在人類最初的大洪水中，乘著大葫蘆逃過一劫的兄妹，其中的妹妹。不只是漢族，在其他少數民族中，也有類似這樣的神話。在這個故事中，人類差點因為大洪水斷了後代，而女媧便是延續人類的「中興始祖」，也就是人類的第二始祖。

問題在於女媧最早是神通廣大的造物主，在時代的改變下，祂的角色逐漸被男神取代。隨著歷史的發展，整個世界轉變為男性至上的社會。因為這樣，最初女性作為母親被賦予的造物主地位，便逐漸式微。女媧的地位也在歲月的轉變中日漸低落，最後變成無法獨自發揮力量，必須和男性的伏羲聯手，才能勉強發揮能力的輔助角色。

女媧與伏羲

當然，我們這裡要說的是女媧最早擁有的造物主角色。女媧為什麼造人，又是用什麼方式造人的呢？

盤古開天闢地後，又過了好長一段時間。春去秋來，夏歸冬至，就這麼經過數百、數千、數萬年的循環。

在這段期間，地面隆起高聳的山脈，一旁的河水蜿蜒流淌。鳥兒停踞在樹枝上鳴叫，蝴蝶和蜻蜓拍著翅膀，在原野上四處飛舞。微風輕拂，露水從青綠的草葉上滾落。天空飄著雪白的雲朵，幾隻勇敢的鳥兒穿破白雲，向天空更高處飛去。在湖泊和海洋裡，有各式各樣的魚兒悠游其中。

女媧從天上眺望大地的各種景象，嘴角揚起滿意的笑容。

「真漂亮！」

這樣的美好難以形容。整個世界充滿著翠綠盎然的生機。面對這美好的風光，女媧似乎怎麼看也不厭煩。

就在這時，女媧心裡忽然出現一個前所未有的想法。女媧看了看自己，有手有腳，還有美麗的身體。臉上有眼睛、鼻子和耳朵。女媧從頭到尾看了一遍自己的身體，接著又看向大地。大地上有各種野獸和昆蟲，在那裡跑著、跳著、爬著、躲著。但是女媧總覺得少了點什麼。

「為什麼沒有和我長得一樣的人呢？」

女媧這才想起，這個世界上沒有可以和自己聊天的對象。因為鳥兒、野獸、昆蟲和魚兒，都忙著依循動物的本性玩耍、掠食和生存。即使生物有嘴巴，也不會說話。女媧第一次嘗到了孤單的滋味。

「是啊，如果有和我長得一樣的人就好了。那我就可以和他們聊天了！」

想到這個，女媧急忙降落人間。因為太急著下凡，連怎麼造人都還沒想好。

女媧降落的地點，正好是黃河流域。發源自黃土高原的河水，沿著山脈彎曲流淌。每次流經轉彎處，混濁的河水幾乎要漫出河岸。越往下游，水勢越平穩，緩緩流過廣闊的平原。於是，土紅色的黃土也因此沉積在河岸邊。

女媧被黃土美麗的色澤吸引，不經意地伸出了手，把飽含水分又扎實的黏土捏在手裡。這樣的觸感雖然陌生，卻非常舒服。女媧掬起一把泥土，陷入沉思。接著，腦海中浮現一個絕佳的想法。

「好，就用這個造人吧！」

女媧開始捏泥土。不久後，一個和女媧一模一樣，但是體型非常迷你，比女媧體型小很多的迷你人誕生了。女媧興致一來，又繼續捏泥土。於是，一個個迷你人便不斷地被創造出來。

不知道過了多久，女媧身邊已經有滿滿的人類，這些人或爬、或走、或跳，還有人放聲大哭呢。但是大地非常遼闊，想要讓遼闊的大地充滿人類，不知道還得再捏多少人。女媧有些厭煩了。

「這真是無趣的工作呀。」

女媧把手放進泥土裡，無奈地用力抓起一把土，向空中嘩地撒了出去。想不到驚人的事情發生了。從女媧手中飛出的泥土塊掉落地面，一一化為人形。女媧簡直不敢相信自己的眼睛。

「原來這也行得通啊？」

女媧再次抓起泥土丟向空中，誕生了無數的人。女媧開心的不得了，乾脆爬上高山，從高山頂彎下腰，一把抓起泥土，向四面八方丟去。於是，大量的人類就此出現。

現在，女媧去到世界的任何一個地方，都能看見自己親手造的人了。女媧再也不會感到無聊。因為人類和野獸不同，嘴巴不只是用來進食，還能不停說話、聊天呢。

在橫眼人誕生之前

中國彝族

在中國彝族的創世神話中，有一個關於人類誕生的有趣神話。據說最初誕生的人類，眼睛是豎立的（縱目），和今天的我們不同。這個豎立的眼睛指的是否就是像貓或蚱蜢那樣上下狹長的眼睛，我們不得而知。

從四川省三星堆出土的文物裡，其中一件「縱目青銅面像」，有著巨大突出的眼睛，看起來就像科幻電影中出現的外星人一樣。部分學者推測，這個作品可能呈現了神話中的人類。

在一本記載古代到秦國之間歷史的《華陽國志》中，形容蜀國國王的先祖蠶叢為縱目。也有紀錄指出，蠶叢死後埋葬的石棺、石槨，被稱為「縱目人冢」。

在彝族居住的雲南省某個地區，流傳著這樣的神話，說人類眼睛最早是獨眼，後來變成豎眼，最後才是橫眼。不過雖然同樣是彝族，下面要介紹的「阿細的先基」神話中，眼睛改變的型態稍微不同。無論如何，遠古時代那個地區的人們，可是認為最早的人類眼睛和自己非常不一樣呢。

在年代已經不可考的太古之初，出現了兩朵雲。其中較輕的雲向上飄，變成了天空；較重的雲向下沉，變成了大地。之後才是眾神發揮自己的特長，創造了世間萬物。太陽、月亮和星星在這時出現，而人類的出現比大自然晚一些。

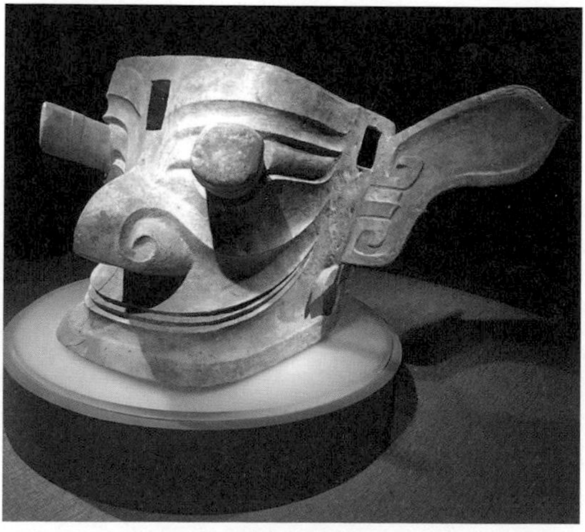

三星堆出土的「縱目青銅面像」

男神阿熱和女神阿咪用捏泥土造人。更具體來說，是用了八錢白泥和九錢黃泥，白泥造女人，黃泥造男人。但是過了十二天，這兩人還是不會動。

「哎呀！」

天神阿熱和阿咪意識到自己忘記某個步驟，趕緊對他們吹了一口氣，於是這對泥人才終於點了點頭，動了起來。此時，正好天上颳起大風，泥人這才發出呢喃的聲音，開口說話。溫暖的太陽連續曬了七天七夜後，泥人開始走路。這下總算擁有了人類的模樣。

天神將他們許配給彼此。不久後，泥人生下了嬰兒。之後，這對夫妻繼續生下一個又一個的嬰兒。然而奇怪的是，從媽媽肚子裡生出來的孩子，眼睛全都小如螞蟻，什麼也看不見。

此時天上也發生了怪事，忽然出現了七顆太陽。山被烤焦，原野也被烤焦。河水乾枯，也沒有雨水。在炙熱的陽光下，人類束手無策，只能被活活曬死。

幸好有一對兄妹躲在洞穴裡，逃過一劫。這對兄妹走出洞穴外，拉開弓箭射下六顆太陽。

這對兄妹長大後結為連理，又生下了許多孩子。但是這一代孩子的眼睛像蚱蜢一樣，是直立的豎眼。不幸緊接著降臨，森林發生大火，所有人全被燒死，除了一對男孩和女孩，是不幸中的大幸。

這對蚱蜢眼的男女後來結婚，孕育了下一代，成為第三代人類。這一代人的眼睛雖然是橫眼，卻長得像蟋蟀一樣。不幸再度降臨。他們違抗了上天的旨意，出言不遜，於是天上的金龍神降下大雨，

大雨連續傾倒了幾天，整個世界全泡在水裡。不過別擔心得太早，因為這次也有一對男孩和女孩躲在櫃子裡，存活了下來。這兩人也是同父同母的兄妹。

經過一段時間，淹沒大地的洪水終於退去。但是這個世界上的人，僅存這對兄妹。為了人類世界的重建，天神建議這對兄妹結婚。只是這兩人一句話也沒說，想必是拒絕了兄妹之間結婚的建議。

「無論如何，你們必須成為新人類的祖先。你們看，這個世界除了你們，哪裡還有人類？如果沒有你們，人類將會永遠消失。」

「問題是兄妹之間怎麼結婚啊？」

這對兄妹異口同聲的發問：

「不如我們來問上天的意思吧！」

天神給這對兄妹安排測驗，藉此詢問上天的旨意。在第一場測驗中，這對兄妹必須分別爬上兩座山，在山頂滾動母石磨和公石磨。這兩塊石磨一路滾下山，正好結合為一對石磨。第二場測驗是讓妹妹拿針站著，哥哥站在對面山頭丟出線。驚人的是，線竟然剛好穿過細小的針眼。

儘管如此，這對兄妹依然不同意。天神安排了最後一場測驗，讓兄妹分別站在兩座山的山頂上燃放煙火，沒想到兩股白煙竟然合而為一。

這對兄妹最終明白上天的旨意。兩人結為夫妻，過著幸福的生活。他們種下葫蘆種子，從成熟的葫蘆中生出孩子。這些孩子有著筷子橫放般的橫眼，就像今天的我們一樣。

造人怎麼這麼辛苦？

中國瑤族

瑤族是中國所有民族中，人口數量排名第十三的民族。瑤族分布於湖南省至雲南省之間，甚至廣西壯族自治區和東南亞部分地區也有，分布範圍相當廣闊，主要居住在山間。

其中位於廣西壯族自治區的瑤族，在他們口耳相傳的神話中，密洛陀女神占有相當重要的地位。因為祂不僅是造物主，同時也是瑤族的始祖。

後人廣泛蒐集密洛陀女神的故事，於二〇〇二年出版。這份資料相當龐大，足足多達三千五百多頁。在這份資料中，記錄著所有關於瑤族起源的故事，包括女神的誕生、萬物與人類的祈禱、民族的移居等。

數千、數百萬年前，有一位創造世界的女神密洛陀。祂創造了天地，又創造了森林和原野上的各種花草樹木，創造了河流、湖泊和海洋中的各種魚類，也創造了地上爬行的蚯蚓和穿梭在森林間的野豬、天上飛翔的鳥兒。不只這樣，祂還創造了蝦子、鴨子，以及牛、馬、豬等。總之，除了人類以外，世間萬物全都由祂創造了。

接下來輪到要創造人類。女神密洛陀一開始用泥土造人，可是怎麼也沒想到，成品竟然像是陶罐一樣。女神當然不滿意，這次改用飯粒來造人，不料經過一段時間，竟然釀成了酒。祂還試過用南瓜和甘蔗造人，雖然和人類相像，但那不過是隻猴子。

無論用什麼東西造人，最後都宣告失敗。女神密洛陀非常擔心，深怕一旁看著這一切的動物們會嘲笑自己。即便如此，祂還是不願放棄造人的念頭。忽然，祂的腦中出現一個想法。

「會不會是這塊土地不夠好，所以才一直失敗啊？沒錯，如果能找到比這裡更好的地方，或許可以成功造人。」

女神決定派部下去打聽哪裡有好的土地。祂首先派出耳聾的豬。聾豬表示沒問題，信心滿滿地出發執行任務，結果才爬上山坡，便被誘人的香味吸引，喪失了理智。牠在泥地裡翻找蚯蚓，飽餐一頓後才回來。

「你不是再三保證沒問題嗎？結果這是什麼？你整張嘴都是泥巴啊！」

女神一怒之下，用棍子打了豬的耳朵。祂接著派出野豬。野豬就更不用說了，和豬沒有兩樣。出發才沒多久，便開始挖掘田地，把地瓜和甘蔗吃個精光，空手而回。女神對野豬潑了熱水，將野豬趕走。

女神這次派出了熊。熊體型巨大，看起來威風凜凜。女神相信熊一定可以順利完成交代的任務。但是事與願違，熊根本沒有發揮體型的優勢，反倒是用腳挖地，刨開腐爛的樹樁，抓住地上爬的小螞蟻往肚裡塞，吃得肚子鼓鼓的。憤怒的女神再次潑了熱水，熊全身變得黑溜溜的，灰頭土臉地跑走了。

女神第四次派出麝香鹿。麝香鹿也沒有兩樣，一看到沾滿露水的綠草葉，立刻興奮地跑了過去，完全忘了自己該做的事情。女神用燒紅的柴火敲打糊塗的麝香鹿。麝香鹿被燙傷，帶著水泡逃跑了。據說這個水泡至今還留在麝香鹿的肚子上。

陸地動物接連失敗後，這次女神決定派出鳥類。祂首先派出啄木鳥。啄木鳥一飛進森林，立刻飛到樹上，努力在樹上「噠噠噠」地鑽洞。接著把鳥嘴放進洞中，抓出許多蟲子吃掉。啄木鳥飛回來後，女神用花拍打啄木鳥的背，將牠趕走。原來現在看到啄木鳥背上的顏色花花綠綠，是因為這個原因啊！

女神接下來派出綬帶鳥，不過綬帶鳥也差不多。牠看見原野上開花結果的絲瓜，立刻忘了自己的任務。盛怒之下的女神射出箭，趕走了綬帶鳥。據說綬帶鳥的尾巴中箭，才會裂成長長的兩條。

綬帶鳥

女神第三次派出烏鴉。烏鴉起飛後，立刻一鼓作氣飛到火山上，把自己的任務忘得一乾二淨。牠忙著尋找哪裡有烤熟的美食，連自己身體被燒成黑炭也不知道。女神將小石子塞進烏鴉的嘴裡，烏鴉立刻發出「嘎嘎」的叫聲，隨即將小石子吐了出來。

女神第四次派出老鷹。早餐已經飽餐一頓的老鷹，又帶著午餐的便當出發了。老鷹奮力地飛上天空，四處搜尋。不久後，老鷹就找到了滿意的地點。那裡氣候溫暖，到處開滿了火紅的杜鵑花。老鷹趕緊回來把女神也帶過去那裡，祂看了非常滿意。

女神在那裡看見了樹洞間穿梭、忙著蓋房子的一群蜜蜂。這個景象看起來奇特又美麗。女神將這棵樹揹了回來，放在箱子裡。經過九個月，箱子裡傳出奇怪的聲音，像是有孩子在哭喊、吵鬧的樣子。女神發現之後，趕緊打開箱子。

「成功了！」

女神不禁叫出聲來。祂取出原本住著蜜蜂的樹木，裡面可以看見許多迷你的小小孩。在這段期間，蜜蜂們全都變成了小小孩。孩子們不停吵鬧、哭喊，看來是肚子餓了。女神身邊沒有什麼可以餵孩子們吃的東西，焦急得不知該如何是好。忽然，祂看向自己的身體，想到了一個好點子。祂解開自己的胸口，讓孩子們吃奶。小小孩這才停止哭泣，開心地笑了起來。

這些孩子長大後各奔東西，有的走進山谷，有的走向原野，各自將他們的部落經營得有聲有色。這就是瑤族神話裡面，關於人類世界的起源。

從葫蘆裡蹦出的人類

寮國寮族

在創世神話中，人類從卵中誕生的卵生神話占有相當大的比例。當然，人類是哺乳類動物，不會從卵裡面出生。這大概是因為胎兒在母親肚子裡的模樣，就像蛋白包覆蛋黃的卵一樣，所以才會有這樣的想像吧。特別是某些民族的始祖或英雄，經常會有從卵中誕生的傳說。古代人肯定是認為這些人與眾不同，所以打從出生開始，就和一般人不一樣吧。

韓國神話也是一樣的。高句麗的始祖朱蒙，是河伯之女柳花和天神之子解慕漱婚後生下了卵，從卵當中誕生的。新羅的始祖朴赫居士，也是來自天上下凡的白馬生下的卵。新羅的第四代國王脫解王，則是他的母親，也就是龍城國的王妃祈禱七年，才生下的一顆卵，而誕生的孩子，卻被國王認為不吉利，把他鎖在櫃子裡放水流走。伽倻的首露王也是誕生自黃金卵，這顆黃金卵被放在紅色布巾包裹的金色箱子裡，從天上降落於龜旨峯。

透過這些故事，我們可以知道卵生神話占有多麼重要的地位。人類誕生自圓形的太陽，或是誕生自葫蘆、南瓜等圓形果實的神話，都和卵生神話有異曲同工之妙。東亞地區廣泛流傳著人類從葫蘆誕生的神話。

好久好久以前，世界是被一大片鬱鬱蔥蔥的樹林所覆蓋，那是連一道陽光都照不進去的茂密森林。森林裡沒有人類，也沒有野獸。當時只有天上的眾神和精靈們。

某天，天上的眾神齊聚一堂，共同商討事情。

「這個世界上應該要有人類居住才對。我們就派人到下面的世界去吧，派誰去都可以。」

眾神決定派出對祂們言聽計從的追隨者。最後被選出的男人，名叫坤布倫（Khun Borom）。他立刻下降到凡間。

此時，森林裡忽然長出一條藤蔓，穿出了森林，直直向上長到了天界，並且長出一顆葫蘆（也就是我們用來做水瓢的葫蘆）。這個葫蘆非常巨大，大到遮蔽了陽光。這麼一來，地面變得暗無天日，伸手不見五指。

坤布倫向他服侍的天神請求幫助。眾神之主帕因（Phra In）命令其他神斬斷藤蔓，將葫蘆鑽孔。眾神齊力斬斷藤蔓後，陽光立刻照耀世界的各個角落。凡間從此成為明亮、幸福的地方。

但是要在葫蘆上鑽孔，可不是那麼容易的事。眾神試著用燒紅的鐵棍插進葫蘆。葫蘆裡有許多人類，當葫蘆出現裂口時，所有人都爭先恐後地想爬出葫蘆。但是洞口太小，怎麼也無法離開葫蘆。

眾神這次改用斧頭劈開葫蘆。斧頭的刀刃一砍下去，葫蘆的兩邊便出現更大的裂口，這個寬度足夠讓人類離開葫蘆了。

起初鐵棍插進葫蘆的時候，葫蘆內部著火，產生許多黑煙。後來裂口加大，體型較大的一群人先爬了出來。因為這些人較少燻到燒紅鐵棍發出的黑煙，所以成為白皮膚的人類。越晚出來的人，身體也燻到越多的黑煙，結果膚色越來越黑。不過膚色算不上什麼問題，因為他們都是從同一個葫蘆裡出來的兄弟姊妹。

他們分散到世界各地，成為人類的祖先。他們適應了各個地區的氣候，也發展出適合當地的生活習慣。其實擁有獨特的風俗和文化，是再自然不過的事。無論居住在什麼地方，過什麼樣的生活，最重要的是，所有人都是來自於同一個葫蘆的兄弟姊妹。

人類為什麼一再被創造出來？

美索不達米亞

中東神話反映了文明萌芽地區的自然環境，而意思是「兩河之間」的美索不達米亞，正代表了這樣的自然環境。在美索不達米亞地區，兩河確實對人類的生活帶來相當大的影響。

能夠精準預測河水氾濫何時發生，是執政者非常重要的能力之一。當然，建設水壩避免河水隨時氾濫，也是不可或缺的。除此之外，規劃適當的水路，促進便利的交通和物資的運輸、交換，同樣相當重要。在建設連接城市和城市的運河時，就需要大量的勞力。

如果沒有底格里斯河（Tigris River）和幼發拉底河（Euphrates River）兩河流

域居民的勞動力，就無法發展出美索不達米亞文明。美索不達米亞的眾神也相當看重人類的勞動力。

這次要談的故事，是西元前十八世紀用阿卡德語（Akkadian）所寫的巴比倫神話。在這則神話中，有一位名為阿特拉哈西斯（Atrahasis）的人類，在大洪水中生存下來，所以也被稱為阿特拉哈西斯洪水神話。

在人類尚未出現的年代，阿努納（Anunna 指上位神）諸神要求開鑿運河的眾多伊吉吉（Igigi 指下位神）付出大量的勞動力。伊吉吉要做的體力活，可不是只有一天兩天而已，而是整整持續了兩千四百年。在看不見盡頭的勞動剝削下，祂們的不滿終於達到極限。

其中一位伊吉吉大喊：

「這都是風神恩里爾（Enlil）害的，我們去把祂趕下來！」

「沒錯，大夥進攻吧！」

眾多伊吉吉湧向恩里爾的家，喊著要一決勝負。祂們砸壞圍牆，將原本用來搬運泥土的籮筐燒毀。

僕人叫醒正在休息的恩里爾。恩里爾大吃一驚，臉色蒼白。因為伊吉吉已經殺到自己家門口了。祂趕緊召集蒼天之神安努（Anu）、水神恩基（Enki）等阿努納齊聚一堂，並且派出僕人，詢問伊吉吉究竟想做什麼。

伊吉吉們答道：

「我們再也不要挖掘運河了。這個工作實在太累，骨頭幾乎要裂開，身體都彎腰駝背了。如果祢們來做，也會和我們一樣的。我們決定向恩里爾宣戰。」

恩里爾聽到僕人傳回的消息，留下了淚水，卻又瞬間大發雷霆。

「去把其中一位伊吉吉抓來殺死！」

這時安努站了出來。

「為什麼要責怪伊吉吉？祂們的工作實在太辛苦了，每天都在哭喊。祢沒聽到祂們的聲音嗎？我有一個好辦法。我們創造人類來代替這些神吧。把勞動的枷鎖套在人類身上，讓他們去工作。」

所有人都贊成安努的想法。阿努納諸神將這件事交給母親神寧圖（Nintu）。寧圖答應了造人，前提是恩基必須全力協助祂。

於是恩基發動攻擊，抓來其中一位伊吉吉，用祂的血進行潔淨的祭祀。寧圖將祭品的血和肉混合泥土，接著召集眾神，向泥土吐口水。伊吉吉也對著泥土吐口水。

之後，恩基和寧圖走進命運之屋，將十四塊黏土分成兩堆，分別創造出七名男人和七名女人，並且讓這些最初誕生的人類兩兩成對。

十個月後，女人們分別生下自己的孩子。這些孩子承擔了眾多伊吉吉原本的工作。伊吉吉再也不用汗流浹背，因為祂的工作已經由手持鋤頭和十字鎬的人類來負責了。

人類開始挖掘水道，堆砌堤防。眾神皆大歡喜，卻苦了人類。尤其不久之後，人口數量大增，人們哭天喊地，說這片土地再也生存不下去了。

恩里爾聽聞，高聲喊道：

「人類哭喊的聲音，吵得我沒辦法入睡。我要用疾病消滅人類！」

恩里爾不管人類死活，立刻把疾病散播到人間。這時，城市之王阿特拉哈西斯趕緊向他服侍的神恩基控訴。恩基建議阿特拉哈西斯舉行祭祀，敬拜疾病之神納姆塔拉（Namtara）。阿特拉哈西斯遵從神的話，在祭祀後成功消滅疾病。

恩里爾只好再次降下乾旱，企圖減少人類的數量。不過阿特拉哈西斯採取聰明的應對措施，克服了這次的危機。

接著，恩里爾又發動了洪水。但是恩基這次依然指導阿特拉哈西斯，教他該怎麼做才能在洪水中生存下來。

「放棄你的財產，拯救人命要緊。你去造一艘船，長度和高度都要一樣。船頂蓋起來，不能讓太陽照進去。船要造兩層，並且用瀝青填滿所有縫隙。」

等到天空開始降下豪雨，洪水淹沒了整座城市。阿特拉哈西斯和家人馬上搭船避難。

大洪水退去後，阿特拉哈西斯順利生還。他準備了牛羊祭拜天神。眾神聞到香味，紛紛來到祭壇前。祂們責備恩里爾企圖毀滅人類。最後，恩里爾不得不順從眾神，再次請求寧圖創造人類。

受惡靈誘惑的第一對人類男女

波斯

接著再來看祆教神話中，人類是如何出現的。這裡善惡兩立的結構依舊不變。第一對人類男女受到惡靈誘惑的情景，和基督教的《創世紀》相似。當然，最後都是善趕走了惡，引導人類走向正確的道路。這點從善神阿胡拉·馬茲達（光與智慧）的名字寓意，便能略知一二。

下面的故事，收錄在祆教經典之一的《創世紀》（Bundahishn）中。

最初的人類是迦約馬特（Gayomart），意思是「難逃死亡命運的人類」。在創造物依然處於精神狀態的階段，他的靈魂和黃牛的靈魂一起生活了三千年。之後，善神阿胡拉・馬茲達才讓他成為具有形體的人類。

起初，迦約馬特的外型是皮膚白皙光亮、身材高大的十五歲少年。在他誕生的時候，整個世界宛如黑夜般漆黑，四周全是穢物，連插一根針的土地也沒有。天空不停轉動，邪惡的創造物正和星星纏鬥。

迦約馬特和黃牛原本和平相處，但惡神安格拉・曼紐突然出現了。安格拉・曼紐先向迦約馬特派出一千隻魔鬼，想要攻擊他，魔鬼周圍還挾帶著蒼蠅、害蟲、病菌。但迦約馬特趕走了這些魔鬼，甚至殺死了令人恐懼的怪物。

安格拉・曼紐不死心，繼續帶領眾多邪惡部下反擊，其中有一位名叫賈希（Jahi）的邪惡魔女。賈希先將病菌散播給迦約馬特的黃牛，黃牛差點病死。接著，安格拉・曼紐讓迦約馬特體內的毒性發作，迦約馬特因此承受了惡靈帶來的各種疾病之苦，例如慾望、飢餓、疾病、懶惰等。最後，迦約馬特一命嗚呼。

迦約馬特死後，他的身體生出金、銀、鐵、錫、鈉等各種礦物。大地守護神斯潘塔・愛爾麥蒂（Spenta Armaiti）將迦約馬特的種子——黃金，小心翼翼地保存起來。

四十年後，這顆種子生出最初的人類情侶瑪什耶（Mashya）和瑪什耶那（Mashyana）。他們誕生的時候，是一顆樹上有十五片葉子的大黃樹形象。所以他們一出生就是十五歲。

起初，他們雙手摟住對方的肩膀，腰部緊緊相黏，難以區分誰是誰。後來逐漸出現人類的輪廓，這才能看清兩個人的區別。最後，他們甚至擁有了人類的靈魂。

阿胡拉．馬茲達告訴他們：

大黃樹

「你們是人類的祖先。你們必須忠心地跟隨我行善事，遵守規範。絕不可以服侍惡魔。」

瑪什耶和瑪什耶那開口說了第一句話：「阿胡拉．馬茲達創造了水、大地、所有動植物和日月星辰」。這代表他們將阿胡拉．馬茲達視為造物主。但是不久後，惡靈開始侵蝕他們的精神。於是，他們改口開心地呼喊：

「創造水、大地、所有動植物和日月星辰的造物主，正是安格拉．曼紐！」

後來，瑪什耶和瑪什耶那變得越來越邪惡。他們連續三十天沒有進食，之後走到原野上，看見了原野上的白山羊。他們把嘴巴貼在白山羊的胸口上，開始吸吮乳汁。

瑪什耶狂妄的說道：

「在我決定喝奶之前，我是幸福的，現在喝完奶後，變得更幸福了。」

又過了三十天，他們殺了一頭肥美的羊。接著燃燒椰棗樹的樹枝，烤羊肉來吃。他們還用石頭砍斷樹枝，建造了一棟可以遮風避雨的屋子。

瑪什耶和瑪什耶那受到安格拉·曼紐的影響太深，使得兩人經常吵得不可開交。這時，一群惡魔接連出現，誘惑他們服侍安格拉·曼紐，瑪什耶立刻就接受了。瑪什耶朝著惡魔居住的北方，獻上羊的乳汁祭拜。因此，兩人全都淪為惡魔的奴隸。

五十年後，瑪什耶和瑪什耶那生下了雙胞胎。然而他們卻分別抓了一個孩子吃掉。阿胡拉·馬茲達看見這個景象，大吃一驚，趕緊出面幫助這對男女脫離惡魔的控制，讓他們能再次組成家庭。

後來，他們分別生下七對男女，每一對男女又結為夫妻，和諧相處。這七對雙胞胎都活到了一百歲，他們也就是今天世界各個人種的祖先。

想想看

❶ 蒙古創世神話說太古之初只有一片汪洋，而眾神得到鳥兒的幫忙，撈出水中的泥沙，創造了大地和人類。這種類型的神話傳播廣泛，從西伯利亞到中亞都有，甚至到達東歐。試著分析這類神話中的角色分工。

提示 在蒙古、西伯利亞和中亞地區，是造物主（善神）、協助者（鳥或其他動物）與妨礙者（惡魔或惡神）的三方關係。而在東歐地區，則是神（善）與惡魔（惡）的對立關係。

❷ 關於人類的誕生，現代科學主張的演化論和宗教（尤其是基督教）所說的創造論，一直被認為是互為兩極的概念。在創世神話中，也能找到這種對話或差異嗎？

提示 由單一神或眾多神以泥土造人的神話，可以看作是創造論，而韓國〈創世歌〉描述人類從昆蟲變來，則反映了演化論的觀點。

第3章

克服考驗的人類

大自然為早期人類
帶來一個又一個的考驗，
但是人類反而將這些考驗當作機會。
當時人們相信只要克服這些危機，
就能創造更美好的世界。

重新調整太陽和月亮

經過一番波折，人類好不容易誕生，考驗卻緊接著降臨。尤其大自然的考驗更是嚴苛。大概是因為在那段時間，天空不像現在一樣日月分明吧？翻開世界各地早期的神話，常常看到天空同時有兩顆太陽、兩顆月亮的描述。在某些地區，甚至還有十顆、十二顆太陽或月亮高掛天空的情況。

太陽象徵溫暖，而月亮象徵寒冷。但是，如果天上同時存在兩顆、三顆，甚至十顆、十二顆太陽或月亮，那會怎麼樣呢？肯定是白晝異常炎熱，而夜晚又異常寒冷吧！這個時候，就需要某個人出面調整太陽和月亮的數量。

如果想要減少太陽和月亮的數量，怎麼做才是最簡單的方法呢？對古代人而言，把太陽和月亮射下來應該是最可行的方法吧。雖然在南太平洋神話中，也有關於一位英雄綁了一個巨大的繩結，用力扯下太陽的故事，不過在東北亞神話中，最常見的方法是將多餘的太陽和月亮射下來。至於韓國的神話，則是以前面第一章介紹的濟州島《天地王本解》最具代表性。

在世界最初形成的時候，玉皇上帝天地王從天上往下看，世界是一片混亂、毫無秩序的景象。呼喊人類的時候，鬼魂回應；呼喊鬼魂的時候，人類回應。加上天上分別有兩顆太陽和月亮，也讓天地王非常困擾。

某天，天地王作夢，夢見自己吃掉其中一顆太陽和月亮。醒來後，天地王非常高興。

「真是太好了，這個夢一定是在暗示，我將會得到一個能重新建立世界秩序的童子。」

於是，天地王立刻下凡人間，尋找一位名為「聰明夫人」的女子。貧窮的聰明夫人看見天帝王降臨，緊張得不知該如何是好。她想招待天帝王用餐，但是家裡太窮，別說是雞鴨魚肉這類大菜，就連煮飯的米也沒有。聰明夫人無計可施，只好向有錢的鄰居借米。然而叫做「壽命長者」的鄰居非常壞心，把摻有沙子的米借給聰明夫人。

天地王第一口飯就吃到小石子，祂向聰明夫人詢問：

「聰明夫人，怎麼會第一口飯就吃到石頭呢？」

聰明夫人脹紅了臉，連忙道歉，一五一十交代了事情的原委。她說壽命長者是個壞心腸的人，如果有窮人來借米，他就會混入白色的沙子；如果來借小米，就會混入黑色的沙子。而且借給別人一小斗糧米，總會要求對方歸還一大斗糧米。

「真是太可惡了！我要派雷將軍和電將軍好好懲罰他一番。」

天地王聽說壽命長者的惡行惡狀後，立刻祭出懲罰，派部下燒毀他的房子。

幾天後，天地王準備回去天上，這時聰明夫人又詢問天地王，如果孩子生出來，該怎麼命名才好。天地王告訴聰明夫人，如果生下兒子，就叫大別王、小別王；如果生下女兒，就叫大月王、小月王。接著又拿出三顆葫蘆籽，表示將來孩子們想來找祂的話，就種下這三顆種子。

聰明夫人後來生下兩個兒子，分別取名為大別王、小別王。兩個兒子長大後，想尋找自己的父親，於是聰明夫人讓他們種下三顆種子。沒想到種子立刻發芽，長出葫蘆莖，直衝天際。兩兄弟順著葫蘆莖爬上天庭，見到了父親天地王。天地王讓哥哥大別王掌管人間，讓弟弟小別王掌管陰間。但是覬覦人間的小別王，向哥哥提出了賭注。

「我們來玩猜謎，贏的人負責人間，輸的人負責陰間，怎麼樣？」

可惜小別王在猜謎遊戲中，每一次都輸給哥哥。小別王再次提出賭注，要在天庭西邊的花田裡種花，花種得最漂亮的人獲勝。結果小別王的花全都枯萎，大別王的花色彩鮮艷，非常漂亮。於是小別王心生詭計，表示種花很辛苦，勸哥哥先睡一覺，然後趁機將哥哥的花換成自己的花。從夢中醒來的大別王知道自己被小別王欺騙，卻只是微微一笑，接受了這個結果，按照約定進入陰間。

小別王從天上往下看，人間情況一片混亂。除了太陽和月亮分別有兩顆之外，連小草、樹木和野獸都會說話，人類世界充斥著竊盜、對立和欺騙。再加上人鬼混雜，整個世界都亂糟糟。

小別王為了脫離這個混亂的局面，趕緊向哥哥請求幫助。心地善良的大別王親自來到人間，拉開千斤重的弓箭，射下一顆太陽和一顆月亮。接著灑下五斗五升的松樹皮粉，讓小草、樹木和野獸的舌頭變得僵硬，無法開口說話。最後再為人類和鬼魂秤重，超過一百斤為人類，不足一百斤為鬼魂，將人鬼區分開來。

如此一來，人間才終於建立起秩序。但是大別王也只做到這裡而已。他保留了一些人類世界的問題，所以直到今天，竊盜、對立和欺騙依然層出不窮。

早期人類面對的，不是只有一兩個考驗而已。除了有多顆太陽和月亮外，大自然也為人類帶來接二連三的難題，像是地震、海嘯、寒冷、炎熱、乾旱、洪水、打雷、閃電、大雪、山崩、雪崩等。就連平常安然無恙的人，也可能忽然因為病痛而倒下。當疫情大爆發的時候，人們也只能束手無策。不然韓國怎麼會把疾病稱為「貴客」或「大爺」，甚至是「疫病神」呢？因為已經無計可施，所以才會想好好服侍它們，避免承受更大的災害。

即便如此，人們還是不願意坐以待斃，他們反而將這些考驗當作機會。當時人們相信只要克服這些危機，就能創造更美好的世界。不是有句話說「天助自助」嗎？只要肯努力上進，上天有時也會幫助人類的。

無敵神射手后羿，射下九顆太陽

中國漢族

那是堯帝在位的時代。某天，天空忽然出現十顆太陽，這是怎麼回事？太陽是掌管天庭的天帝之子，原本這十個兒子應該是每天輪流出現在天上。其他時間，祂們就和母親羲和同住在天國北邊，一棵名為「扶桑」的巨大桑樹上。

羲和每天一早喚醒當天輪值的兒子，讓祂先在「咸池」的神聖水池中沐浴。接著才能穿上美麗的七彩羽衣，乘坐六條龍拉的龍車飛上天空。這些步驟每天都不能有任何差錯。

然而某一天，其中一個調皮的兒子向其他兄弟提議。

「我們每天都按照同樣的方式工作，不覺得太無聊了嗎？我們十個兄弟何不

手牽著手，一起出現在天上？」

所有人都拍手叫好。於是兄弟們彼此手勾著手，咻地飛上了天。這麼一來，整個世界忽然變得光亮耀眼，地面上出現極大的騷動。山川草木全都燒得焦黑，巨大的湖泊乾涸見底，泉水也乾枯，不再有河水流淌。動物們的屍體四處可見，而挖井的人們也累得接連倒下。炙熱的太陽幾乎要把整個世界燒毀。

人們抱怨的聲音傳到了天庭。天帝大吃一驚，立刻打聽發生了什麼事。祂萬萬沒想到，這次事件竟然是自己的兒子們闖禍。天帝認為自己應該負起責任，便趕緊將擅長射箭的后羿找來，他是天庭中排名第一的神射手。

「你帶著這把紅色的弓和裝有白箭的箭筒下凡去吧。去人間好好教訓我那些兒子，讓他們再也沒辦法調皮搗蛋！」

后羿奉命下凡到人間。后羿美麗的妻子嫦娥也穿上霓裳羽衣，隨著后羿一同下凡。

見到真實情況的后羿，久久無法闔上嘴巴，人間的景象令他怒氣直衝腦門。

因為無論是人還是野獸，甚至是一根雜草，所有生命都已烤焦或瀕臨渴死。十顆太陽火紅得有如打鐵舖的鐵水，不斷吐出火舌。人類全都熱得無法呼吸，接二連三的倒下。

「可惡的傢伙！我要讓祢們再也不能開這麼惡劣的玩笑。」

后羿立刻舉起天帝賜給他的紅弓，瞄準太陽的方向拉開弓弦。后羿可不是等閒之輩，他每射出一支箭，天上便有一顆火球爆炸落地。人們不分你我，全都發出歡呼。

這下變成是天帝被后羿的氣勢所震驚，擔心如果不及時阻止，恐怕十顆太陽都要被他射下來了。聰明的天帝趕緊派出手下，從后羿的箭筒中偷偷抽出一支箭。幸虧天帝眼明手快，才留住了天上最後一顆太陽。

接著，后羿又將目標轉向怪獸。這也是后羿下凡人間的時候，天帝給予的命令。后羿的雙手所向無敵，所有怪獸都立刻臣服在他的弓箭下。

后羿接連除掉幾隻怪獸，有全身通紅，體型像牛一樣，會發出嬰兒哭聲迷惑對方，再將對方吃掉的「猰貐」；牙齒駭人，像錐子一樣凸出的「鑿齒」；同時是水怪和火怪的九頭怪物「九嬰」；翅膀每拍一下，就能吹起強烈暴風的「大風」；一口能吞下一隻大象的巨型蟒蛇「巴蛇」（又名修蛇）；體型大如房屋，四處抓人和家畜來吃，破壞莊稼的野豬「封豨」。

完成天帝交代的所有任務後，后羿準備返回天庭，沒想到進入天庭的路竟然被阻斷了。原來這是天帝的命令。

因為天帝非常氣憤。雖然是自己的兒子犯了錯，但是再怎麼說也不能全部殺死呀！天帝只是要后羿好好處罰祂們，讓祂們不要調皮搗蛋闖禍。但后羿同情受苦的人類，拉開弓箭大開殺戒，讓天帝痛失眾多兒子，所以天帝無論如何都不會原諒后羿。

「既然你那麼偏袒人類，我就讓你到死之前都跟人類住在一起吧！」

至於后羿和他的妻子嫦娥在人間的故事，那又是另一段漫長的神話了。

代代射日的勇士們

臺灣泰雅族

想要射下太陽和月亮，絕對不是簡單的事。后羿因為是天庭下凡的神射手，所以能輕鬆完成任務。如果是一般人的話，肯定無法勝任吧？但是能怎麼辦，不管是否可以做到，人類都必須迎戰大自然的考驗。這或許也是人類存在的另一個意義吧。

臺灣有一群泰雅族的人類勇士，他們也同樣完成了艱鉅的射日任務。他們面對冒險的意志力堅強，即使任務再怎麼困難，也不輕易退縮。接下來，就跟著他們的足跡一探究竟吧。

順帶一提，泰雅族是原本居住在臺灣島上的原住民，目前只剩下不到十萬人，不過仍然是臺灣原住民當中第三大的民族。大多聚居在臺灣中部和北部山區。

在遠古時代，天上還沒有月亮，只有兩顆太陽，其中一顆比現在的太陽大上好幾倍。這兩顆太陽經常輪流出現在天上，已經沒有白晝和黑夜之分。有時甚至兩顆太陽同時出現。如此一來，花草樹木和果實自然全部枯死，農作物也沒辦法長大成熟。人類的生活陷入困境。

「這種生活真是生不如死。」

每個人的嘴上，總是掛著這樣的抱怨。

某天，部落酋長和族人再也忍受不了，齊聚一堂討論解決辦法。

「實在受不了啦！再不把太陽射下來，我們很快都會熱死或餓死。」

「沒錯，也只能那麼做了。」

問題是誰來負責這個任務呢？族人把希望寄託在部落酋長和長老們的身上。

幾天之後，他們命令部落裡最精銳的三位勇士前往太陽之地，打算把其中一顆太陽射下來。收到命令的三位勇士，沒有任何一個人拒絕。

由於太陽之地相當遙遠，三位勇士做足了萬全的準備，他們甚至各自揹上一個剛出生的男嬰。啟程時，族人全部出來歡送，勇士們精神抖擻地出發了。

日子過了一天又一天，他們和太陽的距離也越來越近了。但是，勇士們也逐漸老去。三位勇士最終變成老人，走向生命的終點。不過，他們出發時揹著的男嬰已經成長茁壯，長成挺拔健壯的青年。三位青年繼承父親的任務，繼續前進。

最後，他們終於抵達了太陽之地。三位勇士決定伺機而動，在適當的時機射下太陽。隔天的清晨，勇士們守在山麓，等待太陽升起。就在太陽出現的瞬間，三人同時啟動任務。他們瞄準兩顆太陽中最大的一顆，不停地拉弓射箭，終於成功命中，太陽因此流出滾燙的鮮血。

這時，其中一位青年沾染到太陽的血，當場死亡。其餘兩人也被灼傷，幸好他們立刻逃走。完成任務後，兩位勇士再次踏上返回部落的路，只是路途遙遠，他們也逐漸老去。

在兩位勇士抵達部落前，族人們早已知道他們成功的消息。因為之前不曾有過的白晝和黑夜，現在總算有了分別。人們看著夜晚高掛天空的月亮，認為那是被箭射中而失去溫度的太陽。

變成土撥鼠的神射手額日黑莫爾根

蒙古

在蒙古的神話或傳說中，經常出現擅長射箭的神射手。大概是因為遊牧民族的緣故，如果狩獵技術不夠優秀，就難以生存下去吧。

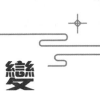

蒙古人的射箭技巧高超，傳說魔鬼曾把金針放在三座山頭和三片平原外的另一端，與眾人打賭能否射中針眼，沒想到一位名為額日黑莫爾根的男子，竟然語帶不屑地回了一句：

「那是小孩子的比賽吧。」

於是，他們將距離增加為七座山頭和七片平原。輪到額日黑莫爾根射箭的時候，他射出的箭飛過七座山頭和七片平原，先是不偏不倚地穿過金針的針眼。然後仍有力道的箭繼續向前飛，將迎面撞上的一座山整個摧毀。

而在其他神話中，也曾出現另一位擅長射箭的神射手。這位神射手躺在地上，直直盯著天空看，經過的路人好奇地向他問道：

「您在看什麼呢？」

「我在等我射的箭掉下來。」

「您到底射了什麼呀？如果是真的箭，早就掉下來了吧。」

路人話才說完，忽然有什麼東西接連掉了下來。仔細一看，竟然是天上的星星。每顆星星的正中間，都插著一支箭。

其實「莫爾根」這個名字的意思，指的就是神射手。就像高句麗的「朱蒙」，也是神射手的意思。

在蒙古最具代表性的英雄史詩《格斯爾》中，主角格斯爾從小就是一名神射手，在一場和三十名勇士較量射箭的比賽中聲名大噪。他早上射向天空的箭，直到傍晚才落地。

不過就射箭實力而言，還是沒有任何一個蒙古人能贏過額日黑莫爾根。額日黑莫爾根可以說是神射手中的神射手，要是生在現代，肯定能為蒙古多拿下幾面奧運金牌。接下來的射日神話，就會讓大家知道他的厲害。

在遙遠的古代，天上忽然出現七顆太陽，造成地面河水乾涸，草原一片焦黑。馬和羊等家畜沒有食物可吃，接連倒下。人類也束手無策，幾乎難以生存。

這時，著名的神射手額日黑莫爾根站了出來，向眾人保證。

「各位不必擔心！等我把太陽射下來就沒事了。」

「您的能力我們完全認同，但是這件事談何容易呀？」

人們發出質疑的聲音，讓額日黑莫爾根的自尊心深受打擊。他在人們面前再三保證。

「哼，你們等著瞧吧。我向各位保證，如果我不能把太陽全部射下來，我就砍斷自己的大拇指！不但如此，我還會變成不喝水、不吃草的土撥鼠，躲進黑暗的洞穴裡！」

人們屏氣凝神地盯著額日黑莫爾根。他每射出一箭，就有一顆太陽中箭落下。到最後，天上只剩下唯一的一顆太陽了。額日黑莫爾根緩緩深呼吸之後，射出第七支箭，箭筆直地朝向太陽飛去。此時，一隻燕子忽然飛過，被箭射中。這支箭也就不再往前飛了。據說燕子尾巴的分岔，就是從這個時候開始的。

「啊，豈有此理！」

額日黑莫爾根氣憤難平。他不顧旁人的勸阻，騎上褐花馬奔去追殺燕子。褐花馬也明白額日黑莫爾根的決心，向他發誓：「如果我沒能追上燕子，就把我的膝蓋砍斷，從此放棄做一隻供人類騎乘的馬。」

常見於蒙古的松鼠科動物土撥鼠

然而褐花馬並沒有追上燕子，額日黑莫爾根依約砍斷牠的雙腿，棄置於草原上，褐花馬最後變成跳兔。而額日黑莫爾根也按照自己的約定，變成了一隻土撥鼠。因為牠沒有臉見到太陽，只能往地裡鑽。（譯註：土撥鼠常見於蒙古草原，是體型肥碩的囓齒動物，喜歡挖洞並住在洞穴中。）

另一方面，據說當時剩下的最後一顆太陽，早在額日黑莫爾根射出最後一支箭之前，就已經躲在高山的另一頭。從那時開始，世界才有白晝和黑夜的交替。

相傳住在草原上的蒙古人會抓土撥鼠來料理，不過他們把腋下和肩膀附近的肉稱為人肉，並不食用。或許是因為他們認為那是額日黑莫爾根的肉吧。

這則神話也是蒙古草原上的土撥鼠、褐花馬、燕子的來源神話。在另一些故事中，褐花馬不是變成跳兔，而是前腳被氣憤的額日黑莫爾根砍斷，變成了小花馬。

為拯救人類而染病的大黑天神
中國白族

位於中國南部的雲南省，氣候宜人，土地肥沃，自古就是適合人居的地方。其中依傍大型湖泊「洱海」的城市大理，正是以出產大理石聞名。

大理過去長期為大理國的首都，更早之前是名為南詔的國家。從中原來看，可謂地處偏遠，所以即使是在黃河流域建立強大國家的漢族，也無法順利入侵此地。多虧這個原因，世世代代居住在這裡的白族，至今才能夠完整保存自身的文化和信仰。

白族長久以來延續著特殊的「本主崇拜」。本主是指保護整個村社的守護神，本主不僅有神，也包含了歷史上偉大的英雄或將軍。當然，本主崇拜也和遠古時代傳統的自然信仰結合，動物或石頭、山等非生物都可以是崇拜的對象。

其實，任何人或物都可以成為本主。本主不是充滿威嚴的神，不像希臘、羅馬神話中，時時刻刻都在生氣、大發雷霆的宙斯那樣。換言之，無論是生物還是非生物，將軍還是農民，任何人或物都有資格和機會成為本主。光是一個大理城，就有超過一千個以上的本主，便是一個很好的證明。

因此，本主崇拜也可以看作是建立在平等思想之上的信仰。在眾多本主當中，有一個特別值得關注的本主，祂是為了人類犧牲自己的大黑天神。

三月初三，玉皇大帝舉行朝會，不過有幾位神仙並未出現。一問之下，原來是因為私事臨時下凡人間，來不及回到天庭。玉皇大帝對此憤怒不已。

「祂們究竟去人間幹什麼好事？」

玉皇大帝跟著神仙們的腳步，來到了南天門。祂站在這裡眺望人間。忽然嚇了一跳。人間儼然是一副春天的景象，比天庭的宮殿還要美好。

在盛開的桃花花影下，成雙成對的男男女女相對而坐，在歡笑聲中享受著春天。溪邊浣衣的姑娘臉上，染上了春天鮮艷美麗的色彩。務農的人們也都帶著幸福的表情，賣力地犁田耕地。甚至牛和豬等的牲畜，也都洋溢著幸福的氣息。這個景象讓玉皇大帝心裡很不是滋味。

「哼，原來是這樣，所以大家都下凡去人間啦。」

玉皇大帝派出一位忠心的隨從，命令他帶著疾病下凡到塵世，讓人類毀滅。也不想想這是誰的命令，隨從怎麼敢違抗呢？於是這位隨從立刻動身，不久便抵達雲南省的上空。當他準備打開疾病的瓶子時，忽然停下了動作。

原來有一名女子正從眼前走過，她背上揹著老奶奶，讓年幼的孩子自己走路。隨從感到疑問，向女子問道：

「為什麼不揹孩子，而是揹老奶奶呢？」

「孩子以後隨時都可以揹呀。但是能揹著母親的日子，還剩多久呢？」

隨從被她的孝心感動，於是心裡這麼想。

「如果我放出疾病後回到天庭，肯定會對自己毀滅了這美麗的凡間感到自責。但是如果沒有散播疾病就回去，一定會因為違逆玉皇大帝而斷送性命啊！」

隨從正抱著疾病，不知該如何是好時，忽然傳來公雞啼叫的聲音。不久後，家家戶戶傳出爽朗的笑聲，早早外出工作的人們，臉上掛著燦爛的笑容。這些生命的聲音和光彩，動搖了隨從的心。

「沒錯，我不能毀了這個美麗的世界。」

隨從決定犧牲自己，拯救人類的性命。於是他將嘴巴靠近瓶口，一口吞下瓶中的疾病。隨著劇烈的痛苦瞬間襲來，他的臉也變得通紅，全身流滿膿水，皮膚腫脹。忍受不了痛苦的隨從，最後從天上掉了下來。

後來知道這件事的人們，便虔誠地祭拜他，稱他為「大黑天神」。

想想看

❶ 神話中描述太古之初有兩顆甚至更多的太陽和月亮，反映了最初的人類遭遇了大自然極其嚴苛的考驗。即便如此，人類依然嘗試各種方法來克服這些考驗。請從「大自然的考驗」和「人類的對抗」這個觀點，再一次閱讀創世神話。

提示 例如中國白族的大黑天神神話，象徵了威脅人類社會的傳染病考驗。人類獲得大黑天神的幫助，最終戰勝了疾病。而臺灣泰雅族的勇士代代奮戰，成功克服了大自然的考驗。

想想看

❷ 蒙古的神射手額日黑莫爾根神話，不但是調整太陽和月亮數量的創世神話，同時也是額日黑莫爾根變成土撥鼠的動物起源神話。然而多數的起源神話和我們耳熟能詳的傳說或民間故事，例如「變成日月的兄妹」（譯註：講述一對兄妹躲避穿著人類衣服的老虎，向上天禱告，因而爬上天空成為太陽與月亮的故事），經常難以區分。想想看，神話和傳說、民間故事最大的差異是什麼。

提示 依據的標準不同，三者間的差異也不同，這些標準包含了故事講述者的態度、作為故事背景的時間和空間、具體證據的有無、故事是悲劇收場還是喜劇收尾等。即便如此，目前仍沒有嚴格的定義加以區分。

第4章

人類與自然的和諧共存

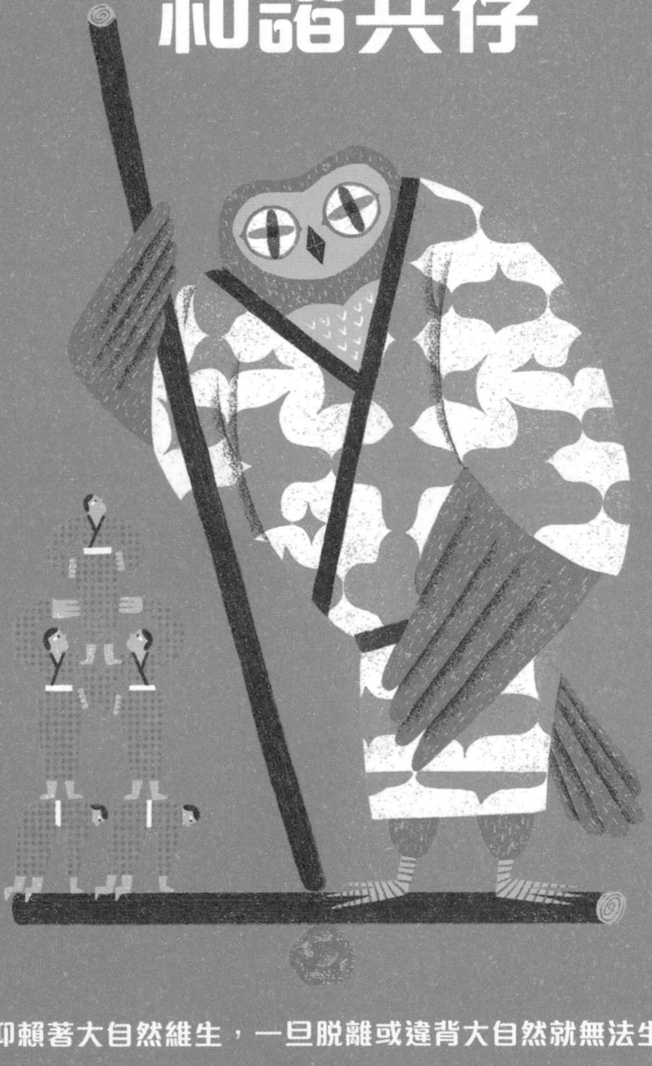

人類仰賴著大自然維生，一旦脫離或違背大自然就無法生存。
早期的人類即便沒有任何人教導，也能身體力行這個道理。

翹翹板上的人類與大自然

人類無論遭逢任何考驗，總能一一克服，也因此迎來富饒的世界。當然，這個世界並不是為了人類而生。先前也曾多次提到，遠在「創世紀」時期，在人類出現以前，上帝就已經創造了各種動物和植物。即使人類再怎麼高貴，若沒有這些動物和植物，也無法擁有幸福的生活。

人類必須找到適合自己的方式生存，除了靠穀物維生、吃蔬菜水果，也吃肉類。其中，懂得用火煮熟生肉，是人類與其他動物最大的不同之處。創世神話之所以有許多關於火的故事，也是基於這個緣故。在希臘羅馬神話中，就曾記載著普羅米修斯（Prometheus）為了人類，瞞著宙斯偷取火種帶到人間，因而受罰被綑綁在石頭上，每天被禿鷹啄食肝臟的故事。

早期的人類，可以說完全是仰賴著大自然維生，一旦脫離或違背大自然就無法生存。因此，學會珍惜大自然並與大自然共存，就變得相當重要。如果仗著果實很多，一口氣全部吃光，那會變得怎樣？同樣的道理，野獸和魚類也是如此，一旦全部撲殺，難以想像來年該如何度過？

即便沒有任何人教導，早期的人類也能身體力行這個道理，絕對不會過度狩獵或採集果實。

在孟加拉桑塔爾族的創世神話中，就曾經流傳這樣的故事。相傳在遠古時期，世界原是一片汪洋大海，一對鴨子找不到棲身之地，上帝因此想要打造一片土地。上帝試圖想撈起水裡的泥土來創造陸地，卻屢屢失敗。因為泥土一直溶入水中，隨著水流逝而去。

就在這時候，蚯蚓、螯蝦、螃蟹、小蝦等動物們紛紛前來幫忙。烏龜浮在水面上，用身體支撐陸地。動物們連忙將泥土撈起來，放在烏龜的背上。

起初，上帝不認為這些小動物們能幫上什麼忙，但出乎意料之外，事情進行地很順利。最後終於打造出一片陸地，這一對鴨子總算有了棲身之處，便在那裡生下了蛋。傳說中那顆蛋孵育出來的兒女，正是人類的始祖。透過這樣的神話，也讓我們了解彼此互助合作是一件多麼珍貴的事。

不只人與人之間需要互助合作，人類與大自然也必須和平共處，因為人類也是大自然的一部分。從韓國近代作家金東里的小說《巫女圖》書中的描述，對於何謂與大自然和平共處的畫面，也能略知一二。

故事中的主角毛火，是一位信仰傳統的巫女。然而，她的兒子卻在前往大城市求學的時候，認識了外國傳教士，因緣際會下接觸了基督教，成為一名基督教徒。書中呈現了兩種宗教之間產生的衝突，在大局已定的情況下，抱持著傳統想法的毛火，是如何在瞬息萬變的世界巨浪中生存下來的呢？

毛火篤信世間自然萬物皆有「靈」，那些靈就是鬼神，她會在這些鬼神面前進行跳神儀式。她認為東方的「鬼神」，與西方所謂的「上帝」並無不同。

雖然她有時也會對西方所謂的上帝感到生氣，但對她來說，西方的上帝也是神，不能任意對待。在別人眼裡看來，或許會覺得她很奇怪。事實上，在二十世紀初期，當飛機開始在天上飛，火車開始在路面行走時，許多想法跟她一樣的人，很難適應這個世界。就連自己的兒子，也無法理解這樣的母親。

某種程度上來說，毛火並不是活在歷史世界中，而是活在神話時代裡。在那個世界中，無論是動物、植物、人類或是鬼神，世界萬物都是大自然的一部分，無所謂好壞，一切都是珍貴的。

步入第四次工業革命後的現代，日常生活隨處可見人工智慧的影子，在這樣的時代下，神話人物的想法還適用嗎？當然幾乎是不可能的。然而，我們在學習神話時，可以再次提醒自己，過去有很多人都是抱著這樣的想法。

這就像是翹翹板，另一端站的不只是人類，也可能站了陪伴著我們的寵物，又或者是每天早晨的美麗花香。無論如何，翹翹板總能找到自己的平衡。在科學至上的時代，或許難以理解，但以前的人就是抱著這樣的想法，才能維持平衡。

就讓我們一起來看看，古代的人們是如何維持翹翹板上的平衡吧！

稻穀女神戴維．詩麗

印尼爪哇島

相傳在很久以前，神仙和人們可以自在地往返天上和人間。天上的神仙們可以下凡和人們談天說笑，人們也可以飛到天上到處參觀。

某天，一名少年飛到了天上，突然聞到一陣濃郁的香氣撲鼻而來，令他忍不住口水直流。少年循著香氣慢慢前進，正好撞見神仙們在用餐。少年看見了神仙們正在享用一種白色的食物，覺得非常神奇。那東西看起來像是穀物，但他在人間卻從未看過。

「冒昧請問您現在品嚐的是什麼食物呢？」

少年謙遜地發問。

「哎呀！難道人間沒有這種食物嗎？」

「是的，我在人間從未看過那樣的食物。」

「這是一種名為稻米的植物所種植出來的，煮成米飯後相當美味可口。」

少年從神仙那裡要了一點米飯，吃完之後讚不絕口。於是，他向眾神詢問來源，便前去拜訪稻穀女神戴維．詩麗（Dewi Sri）。

「這是我這輩子第一次看到稻米這種穀物，也是第一次品嚐。我希望能夠繼續留在天上，向您學習如何種植稻米，可以請您教教我嗎？」戴維．詩麗聽完少年的請求後，便欣然地答應了。

「想要獲得一粒稻米，需要付出許多努力，也需要誠心誠意。現在，就讓我們一步一步慢慢學習如何種植稻米吧！」

從那時起，少年就留在天上，開始向女神學習如何種植稻米。他先是學習了如何使用犁具翻動田地，接著學習使用耙子平整土地，再學會如何篩選優質稻種、播種、除草、收割稻米等，最後學會將稻殼剝開製成白米。

戴維・詩麗

經過幾年的時間，少年開始想念他的家人和朋友，想要重返人間。他心想：「要是能將種植稻米的方法教給人們，那該有多好啊？」稻穀女神答應了他的要求，讓他重返人間。但由於白米是天上的食物，女神不准他將稻米帶回人間。

於是，少年便趁著一大早，神仙們還沒起床的時候，偷偷抓了一把熟成的稻穀放在衣服裡。一回到家，就按照在天上學到的方法，開始在人間種植稻米。

那年，陽光格外溫暖，再加上風調雨順，因此水稻生長茂盛。少年每天汗流浹背的辛勤工作，即使天氣炎熱，也沒有躲在樹蔭下休息，依舊頂著豔陽待在農田裡耕種。終於到了收成的季節，迎來了意想不到的大豐收。親朋好友們蜂擁而至，紛紛讚嘆它的美味。

傳聞很快就在整個爪哇島流傳開來，許多人都來向少年索取稻種，想向他學習種植稻米。少年也很樂意將這份喜悅分享出去，於是過不了幾年，爪哇島到處都種滿了稻米。

結果，某次神仙們剛好來到人間玩耍時，目睹這幅景象後忍不住大吃一驚，因為稻米原是屬於天上的食物。他們立刻回到天上，把這件事告訴戴維・詩麗女神。

女神聽到之後，下凡質問少年：

「你怎麼能違背我的旨意？我不是告訴過你，稻米是神仙的食物嗎？你這樣的行為分明是偷竊！」

「女神，對不起，是我錯了，請您原諒我。但我並不是為了自己才這麼做的。我只是想讓居住在爪哇島的人們，也能夠吃到如此珍貴的食物。因為一直以來，這裡的人們只能吃軟爛的木薯維生。我願意接受任何處罰，但也懇請您讓他們可以繼續在人間種植稻米。」

少年鞠躬請求女神的原諒。心地善良的女神，決定原諒少年。

「我答應你的請求，但你沒經過我的允許，就私自把稻米帶到人間，必須接受處罰才行。」

「我甘願受罰！」少年回應。

於是，戴維．詩麗女神處罰人類不能再自由地往返天上人間，從此之後，人們就只能居住在地面上生活了。

「還有一件事，之後也要好好認真種植稻米。稻米是非常敏感的農作物，所以要像照顧孩子一樣用心。」

雖然一再叮嚀，女神還是不放心，又從頭開始一步一步的指導。

「最重要的是，要懂得看時機，即使是播種，也要選擇最合適的時間來播種。」

「時機要怎麼看呢？」

「上天會給你信號，當我丟擲茉莉花時，天空就會出現獵戶星座，那就代表播種的時間到了。」

戴維．詩麗女神說完後，就回到天上。

從此，爪哇島的人們開心地種植稻米。到了播種的季節時，大家會抬頭仰望夜晚的天空。當獵戶星座出現時，就表示即將展開一年的農作生活。每到那個時候，也會聞到某處傳來的茉莉花香。

熊的妻子

西伯利亞奧羅奇族

無論東方或西方，在早期神話中，動物的地位並不亞於人類，扮演著舉足輕重的角色。這與人類出現後，最早先以狩獵和採集維生，有密切的關連。在信奉單一主神的宗教出現之前，古代社會崇拜圖騰的文化信仰盛行，也是基於同樣的道理。

所謂的圖騰信仰，是指以血緣或地緣形成的團體，認為某種動物或植物，甚至是非生物，與自己具有親緣關係。像是不少中亞地區的遊牧民族，把狼當成他們的祖先。這是因為在荒涼的草原地帶，狼是食物鏈最上層的掠食者。在這樣的情況下，狼自然就成為了該民族圖騰崇拜的對象。

以歷史來看，位於土耳其地區一帶的突厥族，就聲稱自己是狼的後代，蒙古族也將蒼狼視為祖先，維吾爾族也同樣以蒼狼作為圖騰崇拜的對象。突厥神話中的祖先烏古斯可汗，之所以被描寫為出生時的臉是藍色，嘴唇則像火光一樣鮮紅，全身佈滿毛茸茸的毛髮，也是因為這個緣故，想要強調祖先一出生就與常人不同。關於生吃肉食的部分，也是想凸顯祖先的勇猛與威武。

北半球神話中，除了野狼之外，關於熊與老虎的神話也不在少數。其中，古朝鮮建國傳說的檀君神話，就是最具代表性的例子。

熊圖騰文化在西伯利亞地區，也是具有相當影響力的信仰之一。相信無須多做說明，大家都知道這是因為在氣候嚴峻的狩獵社會中，熊佔據著重要的地位。實際上，熊是相當珍貴的獵物，無論是熊身上的肉、熊的毛皮、骨頭、指甲，甚至是熊膽等，全身上下都具有經濟價值。然而，熊也是人類畏懼的對象。人們走進森林，如果路上不小心遇到熊，都會嚇得雙腳動彈不得。

因此，熊對人類而言，有著兩種截然不同的意義。牠既是人類喜愛的獵物，也是人類敬畏的對象，不能任意對待。東北亞民族流傳許多與熊有關的神話，甚至認為熊與人類並無不同。

例如，他們認為熊死了之後會褪去毛皮，跟人一樣靈魂能夠回到天上。熊也被認為是生活在叢林中的「野人」，位於俄國領土東方的西伯利亞，當地少數民族奧羅奇族的神話中，有著這樣的故事。

傳說很久以前有一對姐弟，弟弟每天又哭又鬧。

「我想和姐姐結婚！」

姐姐因為弟弟的這句話，便決定離家而去。弟弟為了尋找姐姐，每天到處奔波，途中偶然看到了一間房子的屋頂，是用動物的脂肪搭建而成的。

於是，弟弟開始對著這間房子唱歌：

「我的姐姐不見了，這下糟糕了！」

就在這時候，一位女子從屋內走出來。那名女子正是他的姐姐。

姐姐開口對他說：

「弟弟，你回去吧！我在這裡過得很好，不必擔心我。我的丈夫是一頭熊，如果讓牠看到你，可能會把你殺死。」

然而，弟弟並沒有回家，因此姐姐要弟弟趕緊躲到床底下，以免被發現。到了傍晚，回到家之後的熊，彷彿察覺到異樣，便用鼻子嗅了一下後說：

「我聞到家裡好像有人的味道。」

「那個人其實是我的弟弟。」

「果然被我料中。放心，我不會殺死他的，讓他出來吧！難道妳以為我會殺死自己的小舅子？」

於是，姐姐讓弟弟從床底下爬出來，他們決定一起生活。弟弟長大後，成為了一名偉大的神射手。

熊依舊每天外出，而弟弟則開始好奇姐姐的丈夫每天都在外面做些什麼。

姐姐代替丈夫回答他：

「我的丈夫每天都在和一隻凶猛的惡熊搏鬥，脖子上有白色斑點的熊是你的姐夫，有紅色斑點的是那隻凶猛的惡熊。如果你在路上碰到牠們，千萬記得不要認錯了。」

結果，當弟弟在森林閒晃時，正好看到兩隻熊在打架。他朝著脖子上有紅色斑點的熊射箭，但箭卻轉向射中了白色斑點的熊。弟弟回到家後，把這件事告訴了姐姐，姐姐聽完非常傷心。

「你居然殺死了你的姐夫！」

姐姐決定回到森林，離開家時，她對弟弟這麼說：

「要是之後你在森林裡遇到一隻母熊帶著兩隻小熊，千萬不要射殺牠們，因為那隻母熊很可能就是我。」

某天，弟弟在森林裡，偶然撞見了一隻母熊帶著兩著小熊。他壓根忘了姐姐曾經對他說過的話，最後他殺死了母熊。當他剖開母熊的肚子時，看到了姐姐經常戴的飾品。

「天啊！我竟然殺死了姐姐！」

悲痛的弟弟將姐姐埋葬後，便帶著兩隻年幼的小熊回家。

回到家中的小熊，開始挖洞穴，把爐灶裡的灰燼挖了出來。弟弟原本想替小熊蓋一間木屋，讓牠們不用住在洞穴裡，沒想到他出門砍樹木，回來後卻發現小熊都不見了。或許是為了尋找自己的洞穴，才決定離開。從那時起，奧羅奇族便認為熊跟人類是一樣的。

居住在黑龍江下游一帶的烏爾奇族，也流傳著類似的神話，只是故事版本有點不同。當姐姐得知丈夫被弟弟殺死後，便披上了熊皮，帶著兩個孩子離開。

這個神話在現代根本不可能發生，爭論真假並沒有意義，不如以當時的背景去理解神話。進一步去思考，古代的人為何會有那樣的想法？

如同前面提到的，古代人對熊抱持著兩種不同的想法，某種程度上也表示各自處在不同的進化階段。例如，人們在某些時刻會將長相漂亮的人比喻成花，人跟花當然是不同的，但就美的層次而言，卻能將兩者相提並論。

這就是詩歌中經常出現的譬喻法，原先認為自己與動物完全一樣的人類，從某一刻開始進入到進化的新階段，開始了解「比喻」的概念，這可以說是一場驚人的大腦革命。人類也逐漸發展出「同理」的能力，能理解與自己不同的存在。事實上，人之所以稱之為「人」，正是因為能夠理解這種比喻，並擁有同理的能力。

古代人對於熊，也是抱著同樣的想法。

「熊雖然外觀凶猛，但跟我們一樣都是動物，牠們也會死，熊在褪去毛皮後，其實與人類並無不同。」

對熊抱著這樣想法的民族，當他們真正遇到熊的時候，又會如何對待牠們呢？自然會加以善待。當他們在獵殺熊的時候，一定會舉辦祭祀典禮，慰勞牠們的靈魂，祈求熊的靈魂能回到上天。當他們在剝取熊的毛皮時，就好像是在解開毛皮大衣的扣子一樣，小心翼翼地用刀切割。吃完熊的肉之後，也會將牠們的骨頭埋起來，有時甚至還會將熊的下巴骨和頭骨，按照正確的位置擺放後再埋起來。

此外，還有許多與熊有關的禁忌事項，人們都會誠心遵守。也有一些民族在抓到熊之後，會舉辦祭祀典禮，因為他們深信妥善對待熊，熊死後靈魂才能往生天國，甚至還會加以裝飾美化熊的頭蓋骨。

人們認為這麼做可以讓熊在死後，感受到自己雖然被人類殺死，但卻是備受禮遇。等於也在告訴其他的熊，人類有多麼珍惜和尊重牠們的身體。這樣一來，熊群就不會感到害怕，才可能靠近人類的村莊，這些民族保持對熊的尊敬，絕對不會過度撲殺牠們。

貓頭鷹神之歌

北海道的愛奴族

接下來，要介紹一篇非常特別的神話。這次先不做任何說明，請大家直接閱讀故事內容吧！

「銀白的水滴下啊下啊散落四處，金黃的水滴下啊下啊散落四處。」，我一面唱著歌，像是滑行一般在村莊和河流上空飛行。當我俯視下方時，彷彿看到窮人變成富翁，富翁變成窮人。當我繼續飛行到海邊後，孩子們正拿著玩具弓箭在玩耍。

「銀白的水滴下啊下啊散落四處，金黃的水滴下啊下啊散落四處。」

我再次唱著歌，飛過孩子們的頭頂。接著，孩子們開始追著我喊道：

「好美的鳥啊！神聖的鳥啊！讓我們用弓箭把牠射下來，最先射中神聖之鳥的人，就是真正的英雄，真正的男子漢。」

原本貧窮卻突然變有錢的孩子們，舉起黃金弓箭射向我，一支支黃金箭與我擦身而過。

在這些孩子們當中，有一名特別的少年，手裡拿著一把看起來很普通的弓。從他的穿著打扮判斷，家境似乎相當清寒。然而，少年的眼神卻透露著他出身非凡，是高貴祖先的後代。

然而，其他孩子們卻開始嘲笑他。

「你這個渾身髒兮兮的窮小子，我們用黃金箭都射不中神聖之鳥了，像你這樣的傢伙能射中？你以為用破破爛爛的木頭箭，就能射中嗎？」

孩子們邊說邊用腳踢打可憐的少年。少年並沒有理會他們，而是繼續朝我射箭。我看著這一幕，憐憫之心油然而生。

「銀白的水滴下啊下啊散落四處，金黃的水滴下啊下啊散落四處。」

我繼續唱著歌，慢慢盤旋著。少年咬緊下唇，把弓拉滿射向了我。我用手抓著朝我飛過來的箭，輕悠悠地往下墜落。

孩子們爭先恐後地衝了過來，地上的塵土四處飛揚。當我掉落在地面時，少年最先衝過來把我抱在懷裡。其他的孩子們則是一邊破口大罵，一邊動手推打少年。

「臭小子居然搶走了我們的東西！」

少年把我藏在衣服裡，推開孩子們轉身逃跑。孩子們繼續朝他丟擲石頭，但少年很快逃走了。少年跑到某間木屋，接著把我放到屋子東邊的窗台上。

一對夫婦從屋子裡走了出來，他們看起來相當貧窮。他們一看到我大吃一驚，畢恭畢敬地向我行禮。然後把腰帶重新繫好，跪下來對我磕頭說：

「偉大的貓頭鷹神啊！感謝您大駕光臨我們這間不起眼的破舊農舍，請您務必接受我們的感謝。我們原本生活富裕，如今卻窮困潦倒，但守護地方的神靈仍然經常來我們家拜訪。偉大的神啊！現在天色已暗，懇請您今晚就留在這裡過夜吧！」

夫妻倆不停向我懇求，接著幫我鋪了被子，恭敬地把我放在東邊的窗台上。

過沒多久，屋內的所有人也沉沉地睡去了。

我坐了一會兒後，在半夜悄然起身。

「銀白的水滴下啊下啊散落四處，金黃的水滴下啊下啊散落四處。」

我輕聲地唱著歌，在屋內飛來飛去。每當我展開翅膀時，高貴的珠寶也跟著掉落。珠寶掉落在地面時，發出美妙悅耳的聲音。轉眼之間，整間木屋堆滿了金銀珠寶。

「銀白的水滴下啊下啊散落四處，金黃的水滴下啊下啊散落四處。」

我不斷唱著歌，原本的小木屋變成了黃金屋，比君王的皇宮還要富麗堂皇，隨處可見璀璨耀眼的珠寶。等一切事情都完成後，我又回到原先的位置坐著。

我讓這家人夢見了愛奴之神，並在夢中一一告訴他們，他們的幸運為何會消失，在看見人們如何嘲笑和挖苦他們後，讓我升起了一股憐憫之心，於是決定幫助他們，賜予我的祝福。

在夢中對他們說完這些話後，天色漸漸亮了，原本在睡夢中的這家人，也醒了過來。當他們睜開眼睛看到眼前的景象，差點嚇暈過去。女主人忍不住放聲大哭，男主人也淚流滿面。接著，他們來到我面前，頻頻向我鞠躬道謝：

「本來還以為只是做夢而已，您卻幫我們實現了這一切。您願意光臨寒舍，已經讓我們非常感謝了。偉大的神啊！感謝您憐憫我們的不幸，並如此厚待我們。您賜予我們的祝福，可說是比山高、比海深啊！」

這對夫妻臉上滿是淚水。他們砍下樹木，用木頭製作獻給神靈的祭具（inaw），接著幫我的身上加以裝飾。女主人替我做了一件新衣服，少年則是在旁邊幫忙拾取木材和打水，還特地準備了祭祀用的酒。最後，男主人在高聳的祭壇前，放了六杯清酒。

我把住在古老煙囪的女神們叫了過來，也把這件事告訴其他的神仙們。過了兩天，清酒的香氣飄散到空中，神仙們都喜歡清酒特別的香氣。於是，我讓少年變回之前破舊的穿著打扮，要他回到村裡，去邀請那些原本貧窮後來變得富有的人們到他家裡。

少年按照我的吩咐，挨家挨戶地邀請他們，但這些富人卻紛紛恥笑他。

「哎呀！還真是神奇！乞丐居然也有清酒，還能舉辦宴會邀請所有的人，就讓我們瞧瞧你有多厲害吧！真是可笑！」

人們抱著看好戲的心態，依約來到了木屋，當他們踏進少年的家，嚇了一大跳，便立刻走了出來，也有一些人嚇得呆坐在地板上，一動也不動。此時，女主人走出來迎接他們，牽著他們的手邀請他們進去。這些人羞愧到無以復加，連頭都不敢抬起來。男主人也在這時候出現，以清脆的嗓音說道：

「過去當我們窮苦的時候，我們無法像這樣來去自由。但偉大的神憐憫我們，賜予我們祝福。從現在起，我們會把全村的人們當作一家人看待，過去的事情就一筆勾銷，大家如果以後有需要幫忙的地方，歡迎隨時來找我們。」

村民聽完這番話，紛紛為過去的事情向他致歉，也決定從現在起與他們和睦共處。

於是，所有人朝我行禮，緊接著展開了一連串歡樂的慶典活動。我一邊與火之女神、家神和祭壇女神談天說笑，一邊看著人們開心地唱歌跳舞。

過了幾天，宴會圓滿落幕。看到人們笑容滿面的樣子，內心真是歡喜。我和火之女神、家神和祭壇女神們一一道別，回到了自己的家。一到家就看見家中擺放了滿滿的祭具和最頂級的清酒，於是便邀請眾神們來家裡作客。

我把在村莊發生的這些事情，告訴了前來作客的眾神們。眾神們紛紛對我表示讚賞，當祂們回去時，我也分送了幾個祭具當作禮物。

我看著村民們，期許他們從今以後能和樂融融地生活在一起。當我再次回到村莊入口時，看到少年長大成人，也成家立業娶妻生子，對父母孝順有加。每次舉辦慶典時，少年都會為我獻上祭具和清酒，願我能永遠守護著人們。

如何？內容雖然淺顯易懂，但大家有發現這個神話特別的地方嗎？一名貧窮的孩子，抓到了貓頭鷹帶回家後，父母對貓頭鷹禮遇有加。結果，那天夜裡，貓頭鷹神讓他們一家人變成了富翁。他們邀請了村民們來家裡宴客，過去曾因為貧窮瞧不起他們的村民，也決定洗心革面，與大家和平共處。貓頭鷹神心滿意足地回到自己家後，看到自己家中擺滿了祭具和清酒，便邀請了眾神們一同享用。眾神們聽完祂的故事，也表示之後會經常到村子裡走動，故事內容大概就是如此。

重點在於，講述這些故事的主角，是一隻貓頭鷹。這個神話原本是愛奴人所唱的一首神謠，也就是「神之歌」，它的特點是以第一人稱的神來唱這首歌。世界上很少這種形式的神話，這點可以說是相當重要，這是為什麼呢？

因為以第一人稱講述故事的人，正是故事的主角。在上述故事中，貓頭鷹神是講述故事的人，也是這個神話故事的主角。那麼，當愛奴人在唱這首神謠時，又是抱著什麼樣的心情呢？他們會把自己當成是貓頭鷹神一樣，唱著這首歌。這就是所謂的以心印心，當唱著這首歌時，也能更理解貓頭鷹神的角色。

回顧一開始少年用弓箭射向貓頭鷹的場景，也是如此。

「銀白的水滴下啊下啊散落四處，金黃的水滴下啊下啊散落四處。」

我繼續唱著歌，慢慢盤旋著。少年咬緊下唇，把弓拉滿射向了我。我用手抓著朝我飛過來的箭，輕悠悠地往下墜落。

少年射箭是事實，但身為貓頭鷹的「我」，卻一把抓住了箭，對曾經富裕卻變得窮困潦倒的少年心生憐憫。少年的父母看到他抓回家的貓頭鷹，表示驚訝，同時滿懷感激，並且畢恭畢敬地款待貓頭鷹。

為什麼會以這種形式唱歌呢？愛奴人是以狩獵維生，必須靠獵殺其他動物才能生存。但他們並沒有因為狩獵這件事，就覺得自己特別厲害。相反的，他們在大自然面前總是保持謙卑。雖然迫於生活所需，必須獵殺熊、貓頭鷹與其他獵物，可是不會任意對待這些動物。因為他們深信唯有善待動物，動物死後的靈魂才能往生天國，也會把這些事情告訴自己的親朋好友。

「如果去了人類的世界，他們也會這樣好好善待我吧？」

當動物們死後，把人類獻給牠們的祭具和清酒分享親朋好友們，大家自然也會想到人類的村莊一探究竟。

雖然這只是人類自己編造的故事，但這麼做是為了獵捕更多動物嗎？當然不是！人類以動物的角度講述故事與唱歌時，某種程度上來說，更能夠同理動物的處境。人類也能深刻體悟到，人與動物只是外觀上不同，但都是大自然珍貴的存在。

前面曾經提到，人之所以稱之為「人」，正是因為人類能夠設身處地換位思考，也就是具有同理的能力。這也就是為什麼，人類與動物能夠在大自然的翹翹板上取得平衡。愛奴族的貓頭鷹神話雖然看似沒什麼特別的地方，卻清楚地傳達並提醒了我們如此寶貴的訊息。

愛奴族

愛奴族是日本北海道的原住民，他們和現在的日本人無論是在身形或臉孔並無太大差異。更重要的是，他們居住在天寒地凍的地方，守護著自己獨有的文化。他們認為自己與其他動物並沒有差別，就連抓到一隻鳥，抓到一條鮭魚，也會如獲珍寶般地對待。然而，十九世紀中旬後，日本征服了北海道，把那裡當成日本的殖民地。從那時起，愛奴族被冠上日本國籍，變成了日本公民，開始被日本民族同化的命運。

目前許多愛奴族以觀光維生，向觀光客展現他們特有的文化與習俗。然而，只靠傳統狩獵維生的人，幾乎已經消失。

神之魚——鮭魚

北海道的愛奴族

讓我們再來看一篇關於愛奴族的神話吧！這是與鮭魚有關的神話，在愛奴族生活的北海道地區盛產鮭魚，因此出現了這樣的神話。神話故事的內容，也同樣展現了他們與大自然的關係。

曾經有一名愛奴族人出海捕魚，卻不幸遭遇暴風雨，在海上漂流了六天。在沒有食物、沒有水喝的情況下，幾乎處於瀕死邊緣，這時眼前突然出現了一片陸地。漁夫隨著浪潮抵達了海邊，在那裡發現了一條美麗的小溪。他沿著溪流走，過沒多久，來到了人潮聚集的地方。他跟著人群前往酋長的家，看見一位外貌莊嚴的老人，他的身分是酋長。

老人對他說：

「你就在這裡住一晚，明早就讓你返鄉，不知你意下如何？」

愛奴人點頭允諾後，就在那裡度過了一晚。

第二天，老酋長表示：

「我們村裡有幾個人想跟你一起回去，到你的家鄉做生意。你跟著他們走，就能回到家鄉去。他們讓你上船後，你必須趴在船板上，絕對不能抬起頭跟他們對視，頭一定要緊貼著地面。唯有這樣，你才能回家去。一旦抬頭和他們對視，那些人會勃然大怒。再次提醒你，千萬不要抬頭看他們。」

緊接著，他看到了許多艘船隻停留在海邊，每艘船上都載滿了人。船很快就出發了，愛奴人搭上其中一艘船，一上船後就立刻趴下，頭緊貼在船板上。他聽到船上的人們，開心地唱著歌。

不久後，他們抵達陸地。這時候，愛奴人微微地睜開眼睛，眼前出現了一條河流。他看到人們在河邊，拿著勺子舀水飲用，邊喝邊說道：

「這水真是美味啊！」

成群的船隻有一半以上沿著河流向上而行，愛奴人乘坐的那艘船也在其中，最後終於抵達他的故鄉。船員們把愛奴人丟進了水裡，愛奴人以為自己只是在作夢。現在，只剩下他自己一個人，船和船員們都消失無蹤。愛奴人回到了自己的家，進入了夢鄉。

在夢裡，酋長對他說道：

「我其實不是人類，而是神聖的鮭魚之王。你掉進水裡差點死掉時，是我救了你。你以為只是過了一晚，但事實上以人類的時間計算是一年。在那之後，我便把你送回家鄉。現在，我希望你能以米酒祭拜我，準備神聖的象徵物來榮耀我的名譽，為我舉行祭禮，並高喊著：『在此向神聖的鮭魚之王獻酒！』如果你不這麼做，你將會變得窮困潦倒。」

從夢中醒來的漁夫，按照酋長的吩咐進行祭禮。從此之後，漁夫總能捕獲到許多鮭魚。

我們常說鮭魚在大海生活一段時間後，會逆流而上，回到溪流的源頭。這是以人類的視角在看待這件事，因為人們居住在陸地上，認為水是從山上流向大海。而鮭魚原本生活在大海，逆流而上回到上游。因此，漁夫們只要待在河流上游，就能捕獲到鮭魚。

然而，對鮭魚來說，牠們並不是在大海居住一段時間後，等到時機到了，再逆流而上返回河裡，這一切只不過是一趟回歸自然的旅程而已。因此，關鍵在於以誰的角度去看待這件事。如同前面提到貓頭鷹或熊的故事一樣，唯有如此才能站在對方的立場，去理解對方的想法。

曾經到過「鮭魚國度」的愛奴族漁夫，會以什麼樣的態度對待鮭魚呢？就像貓頭鷹神親手抓住少年的弓箭一樣，鮭魚也是甘願被漁夫捕獲，漁夫自然會對鮭魚表示感謝，不是嗎？因此，才會以恭敬的態度，透過祭祀向鮭魚之神表達感激。這樣一來，無論是貓頭鷹、熊或鮭魚，就不會認為是人類傷害了自己。愛奴族的人們認為藉由舉辦祭禮或慶典的方式，能將動物們的靈魂送回牠們的故鄉，也就是讓動物的亡靈能夠回到「神的國度」。

愛奴族的神話就這樣代代相傳，教導後代的人們生活在大自然裡，也要懂得尊重大自然。無論他們翹翹板上的另一端站了誰，也都能維持平衡。

想想看

❶ 在今日科學發達的時代，這些看似荒誕的神話故事，仍然具有意義的原因為何？想想看，我們可以從神話中學會哪些事情？

提示 神話讓我們體悟到，與浩瀚的宇宙相比，人類非常渺小。神話同時也告訴我們，人類如果忘記自己的渺小，變得太過傲慢，或恣意對待大自然，就會受到相對應的處罰。

❷ 愛奴族的神話中，故事主要與人類捕捉貓頭鷹和鮭魚有關。從這點來看，神話難道是人類為了辯解自己犯的錯誤，所編造出來的故事嗎？

提示 人類必須靠吃動物或植物維生，這是人類的「生存條件」，也是「生存衝突」。神話也可以說是人類為了克服這種生存條件，或解決生存衝突，所編造而成的故事。重要的是，在與大自然共存時，人類如何看待其他生物所做出的「犧牲」。

第5章

人類的貪念引發的災難

神話呈現出人類與自然的關係，以及生與死的問題，
人類總以為自己很重要，一直以來都是抱著這樣的想法。

為人類的貪念敲響警鐘

事實上，沒有人知道在創世之初，人類與大自然是否和平共處。但世界上大部分的民族神話，都曾經提到在人類出現後，世界突然遭遇天翻地覆的轉變。這跟最初天上曾有七個太陽的故事無關，因為是發生在太平盛世，當時人類已經安居樂業的生活。災害並不是大自然造成的，更大的問題是出在人類身上。

在創世之初，草跟人一樣會說話，石頭會走路，就連不吃飯肚子也會飽。然而，在世界各民族的神話中，都曾記載著人們犯下滔天大錯，受到嚴厲處罰的故事。就像前面曾提過印尼稻米女神的神話一樣，歷史上也有不少人類因為貪心，再也無法回到天上的故事。

上天對人類最大的處罰，正是「死亡」。原本跟神仙一樣長生不老的人類，由於褻瀆神靈或鑄下大錯，或是在不知情的狀況下惹禍上身，而被判處死刑。從此之後，死亡成為人類最大的課題，也可以說是永遠解不開的課題。

人類也曾面臨瀕臨絕種的危機，在當時發生了難以想像的大洪水，世界變成一片汪洋大海。當然，即便遭遇了巨大的洪水災害，人類依舊設法活了下來。就像基督教《創世紀》中著名的「諾亞方舟」，世界上無數的民族也以各種方式克服了危機。倖存下來的人們，創造了全新的世界，而這也被稱作是「重生的神話」。

某些民族深信世界即將再度走向滅亡，迎來新的世界。他們認為就像人有生老病死一樣，世界在歷經長時間運轉後，也終將會走向滅絕之路。

神話呈現出人類與自然的關係，以及生與死的問題，人類總以為自己很重要，一直以來都是抱著這樣的想法。雖然神話對於這些問題產生的原因，或是解決的方法，現在看來有點荒誕可笑，但神話中討論的問題，至今仍然存在。

現在，就讓我們一起透過神話，看看人類的貪婪究竟會招致什麼樣的禍端吧！

穀物滿天飛舞的時代

中國傣族

相傳在很久以前，穀物就像人一樣擁有內心和靈魂，會說話也會走路。在穀物熟成之際，它們也會展開翅膀，飛到辛勤工作的農家糧倉裡。

當時，某個村莊的首領從外地帶回一名女子。然而，那名女子卻是出了名的懶惰。她每天都是睡到太陽曬屁股才肯起床，到田裡工作的次數更是少之又少。村裡的人們都罵她是懶惰鬼，對她指指點點，但女子一點都不擔心。

「哼！那麼辛苦工作幹嘛？反正到時候稻米會自己飛到我的糧倉裡。」

到了秋天，穀物熟成。其他人的倉庫很快就堆滿了糧食，但那名懶惰的女子呢？跟她預期的不同，倉庫裡連一粒米都沒有。她雖然生氣，但因為急需要糧食，還是跑到田裡向穀物們求情：

「親愛的穀物啊！求求您救救我，請來到我們家的糧倉吧！」

結果，穀物們卻異口同聲地回答：

「哼，妳不是很懶惰嗎？我們是絕對不會進到懶惰鬼的家裡去的！」

那天晚上，女子忿忿不平地拿著棍棒走進田裡，痛打了穀物們一頓。穀物的翅膀全斷了，再也無法飛行。村民們十分氣憤，想把她趕走，但首領卻偏偏袒護她。於是，女子變得越來越懶惰。

某天，女子對首領說道：

「米粒實在太大顆了，有些甚至像鴨蛋一樣難以入口，常常咬得我牙齒發疼。要是米粒能夠不用咬，直接入口即化，那該有多好啊！」

首領聽了她的話，便命人用石頭碾碎穀物，磨成更小顆的米粒。從此之後，穀物再也不像以前那樣飽滿厚實，這麼做究竟是好是壞，實在難說。

這樣的神話故事隨處可見。前面介紹過看似微不足道的小動物們，彼此互相幫忙創造陸地的創世神話，在印度或孟加拉的少數民族桑塔族中，也流傳著類似的神話。在遠古時期，穀物原本會自己去殼，棉花熟成後會變成精美的織品。此外，那時的人們也不必彎腰洗頭，因為頭髮可以摘下來，用水洗完再戴回去就好。是不是省事又方便呢？

然而，所有的幸運卻因為一名懶惰的人，在一夜之間全部消失。當他走進田裡看到飽滿的稻穗，一時起了貪念，便直接伸手摘下稻穗放入嘴裡。但他萬萬沒想到，自己犯下了天大的錯誤。因為在那之前，他才剛上完廁所，手沒洗乾淨就直接碰觸了神聖的稻子。

於是，一切的幸福就像泡沫一樣消失無蹤。從此人們的頭髮直接長在頭上，再也無法摘下頭髮清洗，稻米收成後得自己碾壓製成米粒。就連棉花也得自己一一摘取，經過一連串繁瑣的紡紗工序後，才能製成精細的織品。除此之外，草無法像以前一樣說話，石頭也不能再行走。

這可以說是人們不滿意自己打造的生活，變得傲慢或過度貪婪，因而受到懲罰的教訓。不過，在類似的神話中，犯錯的人大部分都被設定成是女性，這是另一個值得探討的問題。或許也反映出母系制度瓦解，迅速轉變為由男性主導的父權社會的歷史開端。

人類與石頭的戰爭

中國彝族

近代人類過度開發導致地球暖化，世界各地發生了前所未有的自然災害。然而，人們卻沒有意識到環境破壞的程度與問題的嚴重性，仍不斷追求更多、更快、更便利。因為人們只在乎這些東西帶來的附加價值，大自然成了人類壓榨和開墾的對象。雖然人們開始聽到地球發出的求救訊號，卻為時已晚。

近幾年，霧霾對我們的日常生活造成極大的影響。當人們看到窗外天空突然變得一片昏暗，才開始意識到問題的嚴重性。儘管如此，世上仍有許多人認為霧霾並不是人類造成的，不是人類的錯。

「既然如此，應該要蓋更多使用乾淨能源的核能發電廠才對，為什麼大家要反對呢？」

他們極力否認核能發電可能對環境造成的負面衝擊。總之，在人類以開發為名，行破壞自然為實，正在為此付出慘痛代價的此刻，接下來的神話雖然簡單，卻也重新提醒我們與大自然共存的價值。

在創世之初，天神賦予石頭行走的能力，也允諾讓人類可以享受長生不老的權力。由於人出生後不會死，沒多久後人口急遽增加，需要越來越多的土地。但光靠平地是不夠的，人們開始往山上移動，試圖鑿山破石打造棲息地。

於是，怒火中燒的石頭展開反擊，朝著山底下發動一連串的攻擊。人們辛苦耕作的稻田，被狂奔而來的石頭摧毀，在草原裡悠閒吃草的牲畜們也因此受傷。人們對此感到憤怒不已，只要一看到石頭就砸到地上弄碎，或把石頭丟到河裡。這樣的戰爭幾乎天天上演，持續了好一陣子。

某天，一名老人在深山裡偶然發現了比石頭硬的青銅。老人把這件事告訴大家後，人們開始用青銅在石頭上鑿洞，石頭們的憤怒到了無法忍受的地步。

「這樣下去根本沒辦法過活，要死大家一起死好了！」

石頭決定和人類拚個你死我活。

於是，在三更半夜所有人都陷入熟睡之際，數萬顆石頭從山上直滾而下。房子應聲倒塌，人們傷亡慘重，就連家畜們也無一倖免。

天神得知消息後，立刻下凡察看，人們便抓緊機會，向天神哭訴告狀。

「請您救救我們吧！不管再怎麼討厭人類，也不能這樣做。那些石頭們蠻橫的行為，導致許多無辜的孩童因此流血受傷。」

這時，原本就不夠聰明的石頭，只是在一旁保持沉默，沒有替自己辯解，甚至不肯開口道歉。

憤怒的天神怒斥石頭。

「你們恣意妄為地攻擊人類，造成他們傷亡慘重。從此刻起，罰你們待在原地，再也不得動彈，不能再像以前一樣行走。」

天神同樣也對人們下達處罰：

「由於你們繁衍過度，才會像這樣爬到山上破壞岩石。因此，我將收回長生不老的恩典。」

雖然確切的時間無法得知，但從那時候起，石頭再也無法隨意走動，人類別說是長生不老了，最多也只能活一百歲。無論任何人，終將走上死亡一途。

或許站在人類的角度而言是開墾，但對大自然而言，卻是恣意破壞。在過去許多神話中，都清楚告訴我們與大自然共存的重要性。很顯然地，人類很早就已經知道這件事了。現在知道也不晚，就從現在起，重新銘記於心吧！

人類的選擇

印尼蘇拉威西島

前面分享的神話，除了提醒我們必須學會與大自然共存，同時也是與死亡起源有關的神話。不同民族對於死亡起源的看法不太相同，在眾多神話中，都顯示人們大多是因為觸犯禁忌、犯下荒謬錯誤或貪心，才會因此再也無法長生不老。

接下來這篇在東南亞流傳已久的神話，也與生死有關。然而，讀完整篇故事後，或許會覺得人類並沒有犯下任何不可饒恕的滔天大錯，反而還會覺得人類有點可憐。事實上，在世界各地的神話中，還有更多與死亡起源有關的故事，現在看來都會覺得荒誕。

像是負責傳話的小狗或猴子之類的動物，誤解或忘記神的指令，把「讓人們長生不死」這句話，誤傳成是「讓人們不得好死」或是「人們無法長生不死」，人們就因此必須面對死亡。

雖然聽起來確實很荒謬，但如果死亡是不可避免的，似乎也就不必太嚴肅。某種程度上，也是在提醒我們，只要在活著的時候認真活著就好。

那是發生在世界尚未創造完成時的事，雖然還不到天空觸手可及的地步，但天地之間的距離相當靠近。當時，只有一對男女居住在陸地上，天神偶爾會送一些禮物給他們。

某天，一條繩子突然從天而降。男子和女子看到繩子末端綁著某個東西，端詳許久，卻對此感到困惑不已。原來，繩子末端綁著的是一塊石頭。

「這到底是什麼意思啊？」

男子和女子朝著天空大喊，口氣有點不耐煩。聽不到任何回應的他們，又以更大的音量高喊道：

「請給我們別的東西吧！我們不需要這個！」

接著，繩子被天神拉回天上，男子和女子滿心期待地等候著。不久後，繩子再度從天而降。這次，繩子尾端綁著像是水果之類的東西。

原來，繩子上綁著香蕉。男子和女子看了很開心，連忙從繩子末端取下香蕉。這時候，他們聽到上天傳來的聲音：

「你們選擇了香蕉，所以你們的人生也會像香蕉一樣。香蕉長出來後，經過一段時間就會腐爛掉，然後再重新長出來。從今以後，人也是有生有死，將來等你們有了孩子，也是如此。要是你們一開始是選擇石頭的話，情況就不同了。」

「請問有何不同？」

「你們就會像石頭一樣永遠存在。」

男子和女子聽到這番話後，忍不住嚎啕大哭，卻為時已晚。從那之後，人們被迫接受不可避免的死亡。

雖然說一時的選擇足以影響一生，但這樣的故事仍讓人難以接受。不過，或

許可以換個角度思考，既然死亡是無法避免的，不如坦然面對必將來臨的死亡，這才是更重要的。因為無論再怎麼抗拒，人類終究難逃一死。

然而，在希臘和羅馬神話中，卻流傳著這樣的故事。傳說中有一名可憐的女子，想死卻又死不了，因而飽受痛苦。

相傳在名為庫邁的城市裡，住著一名能夠預知未來的美麗女子。預言之神阿波羅一見到這名女子，便墜入愛河，對她一見鍾情。然而，女子卻十分高傲，完全不把阿波羅放在眼裡。儘管阿波羅使出渾身解數想要誘惑她，她仍然無動於衷。於是，阿波羅便告訴女子，若是她願意和他結婚，他答應賜給她所有的一切。女子聽完後，便對阿波羅說：

「真的嗎？那就給我像沙子一樣多的壽命吧！」

女子抓起地面上的一把沙子遞給阿波羅，於是她獲得了長達一千年的壽命。但她卻忘了一件事，忘記向阿波羅請求讓她能夠永保青春。所以她又改變心意，再度拒絕阿波羅。非常生氣的阿波羅，對她展開殘忍的報復。他同意女子延長壽命，卻不答應讓女子永保青春。

從此，無論她變得再老、身形痀僂，也只能永遠活著無法死去，承受著難以想像的痛苦。最後，她只能寄居在甕裡，背著厚重的「殼」生活。如果有人問她，她最大的願望是什麼？她總是回答：「願我能死去。」

阿波羅

大洪水與撣族的復活

緬甸撣族

在創世神話中，最受人矚目的莫過於造成世界滅絕的大洪水。世界各地都流傳著許多關於大洪水的傳說，就連韓國也不例外。在朝鮮神話中，最具代表性的故事，就是《木道令與大洪水》。

傳說在遠古時期，發生了一場前所未有的大洪水，萬物被洪水摧毀。一名少年在神木的幫助下，僥倖活了下來。當時，類似像螞蟻和蚊子的小動物，紛紛向少年求救，少年便對牠們伸出援手。緊接著，一名和他年紀相仿的男孩，也漂浮在水面上等待救援。少年不假思索地立刻伸手想要拉男孩上岸，卻被神木阻止。但少年豈能見死不救？他不顧神木的反對，堅持要救那名男孩。

於是，神木對少年如此說道：

「如果你堅持這麼做，我也無可奈何，但以後你一定會後悔的。」

果然，在洪水結束後，因為男孩的貪婪和忌妒，讓少年遭受許多考驗。不過，少年也在螞蟻和蚊子的幫助下，順利通過重重考驗，成為了人類的始祖。

令人驚訝的是，即使是在現今幾乎滴雨不下的沙漠地區，也流傳著洪水神話。根據科學家研究，這些地區在過去也曾歷經雨水豐沛的時期。也因為如此，即使遭遇大洪水，人類終究得以倖存，才能再度建立自己的文明。

在世界各地的洪水神話中，不難發現故事脈絡都有類似之處，「諾亞方舟」是當中最具代表性的故事。故事背景大多都是上帝因為震怒用大洪水處罰人類，但仍憐憫一些善良的百姓，便給了他們重生的機會。被上帝選中的人類，有東方人也有西方人，也可能來自不同的民族。有像諾亞一樣遵從神旨的正義之士，也有像希臘羅馬神話中出現的杜卡利翁和皮拉這對夫妻，成為唯一倖存的人。

在不少神話中，存活下來的人也可能是一對年幼的兄妹。在類似這樣的神話中，人們會關注他們如何成為人類的祖先，因為擔心與倫理有所違背。創造神話的人或許也考量到這點，所以在故事中會安排不同版本的「解套」方式。像是存活下來的兄妹奉神的旨意被迫結婚，是最常見的，兄妹也因此必須通過各種不同的考驗。

不過，下面這個洪水神話卻不同於其他，存活下來的人只有單獨一人。那麼，他又是如何成為新人類的祖先呢？在這篇神話中蘊藏了巧思。

相傳在很久以前，天上和地上有各種不同的世界。其中，位於中間世界的竹子突然爆裂，從裡頭冒出許多動物，開始居住在山林裡。爆炸發生當時無處可逃的人們，在現今柬埔寨地區的某個河邊定居下來，成為了撣族的祖先。

然而，他們並沒有好好禮敬諸神，因此惹怒了雷神，下令要處罰他們。起初，雷神派出一隻巨大無比的食人鳥，但因為人類數量眾多，無法將人類趕盡殺絕。接著，雷神又派出獅子，情況還是一樣。雷神再度派出毒蛇，結果人們反而把蛇抓來吃掉。

最後，雷神決定要用旱災來處罰人類。在新年開始的前四個月，發生了一場可怕的乾旱，許多人因此餓死，卻還是有人倖免於難的存活了下來。

怒氣難消的雷神召集了臣子們，討論要用什麼方法讓人類滅絕。

「洪水可以讓人類滅絕，因為人類無法在水中存活。」

「這真是個好主意。」

雷神對於這個計畫十分贊同。

雷神命令水神降下洪災，水神卻偷偷向賢者立隆通風報信。他認為就算雷神再怎麼討厭人類，也不能讓善良的老百姓無辜死去。然而，賢者立隆早已用雞骨占卜，得知這場災難無可避免，所以他並沒有太驚訝。水神進一步提醒他：

「不久後即將發生一場大洪水，你先建造一艘堅固的木筏，帶著一頭牛一起搭船逃走。但要記得，千萬不能把這件事告訴任何人，就連對你的妻子和小孩也要保密。」

立隆強忍悲傷，獨自為即將到來的洪水做準備。家人看到他成天忙著搭建船隻，對他的所作所為完全無法理解。但立隆擔心會惹怒眾神，因此並未做任何解釋。等到他搭建完木筏後，大雨開始從天而降，洪水隨即而來。

世間陷入一片汪洋大海，只有立隆和一頭牛活了下來。他看到家人的屍體漂浮在水面上，忍不住悲從中來，撣族就此滅亡。但他深信他們的靈魂會往生天國，在靈魂獲得淨化後，會再找到一片淨土重新復活。

等到洪水退去後，屍體的惡臭飄到天上。於是，雷神派出毒蛇，命牠們把屍體咬光。然而，屍體的數量實在太多，蛇群們無法完成雷神的命令。憤怒的雷神原本想要殺死這些蛇群，但牠們早已嚇得躲進洞穴裡。

接著，雷神又派出九十九萬九千頭猛虎，情況還是一樣。雷神在震怒之下射出閃電，老虎們也紛紛躲進洞穴。雷神無可奈何，只好派出火神。火神出現後，頓時讓整個世界陷入一片火海。

當熊熊火勢朝立隆直撲而來時，他立刻拿出刀子把牛殺死，剖開牛的肚子，躲進去裡面，以牛皮防火。當他躲在牛的身體裡時，他在裡面發現一粒種子。等到火勢滅去，立隆從牛身上爬出來後，便問水神該怎麼辦。於是，水神便對他說：

「將種子種在平坦的土地上吧！」

立隆聽話照做後，種子很快冒出新芽，並以驚人的速度成長。很快地，長出了一根長長的藤蔓，甚至比山還要高，高到遮住了太陽。在另一端長出的藤蔓，則是往地底鑽，因為藤蔓吸光了洪水過後流到地底下的水，最後腐爛而死。

遮住太陽的藤蔓越長越茂盛，甚至變成了樹木和叢林。雷神只好派出蒼穹之神，重新復甦大地，讓世界恢復成原本乾淨的樣貌。蒼穹之神將所有殘餘的水氣全部吸乾，雷神則是用閃電劈開藤蔓上的一顆葫蘆，從葫蘆內蹦出了許多撣族的人，人數多到足以從天上排到地面。雷神順勢劈開其他葫蘆，從中陸續出現了各種動物、植物和河川。

雖然目前還不清楚當時天地之間存在著各種不同世界，究竟是怎樣的型態？

但在世界各地的神話中，都曾經記載著創世之初不同的世界同時存在。可以確定的是，他們都是透過某種方式重新整頓後，才形成今日我們所居住的世界。

在撣族的洪水神話中，賢者立隆建造了木筏，獨自活了下來。也有一些類似的洪水神話，但並不是仰賴木筏存活，而是一開始就乾脆直接坐在葫蘆裡。像是另一個神話中，就是描述七對男女利用葫蘆外殼做成的一艘大船，搭乘葫蘆船活了下來，他們正是人類的祖先，同時也是撣族的祖先。

這些神話都是典型的洪水神話雛形，但在其他地區的神話中，卻很少像這樣連處理屍體的過程都一一交代。或許是因為在炎熱潮濕的熱帶或亞熱帶地區，物品很容易就腐敗，神話中才會添加如此特別的故事情節。

撣族是東南亞的泛泰民族，目前主要居住在緬甸撣邦一帶，但也有部分的人住在曼德勒、克欽、若開邦等地，以及中國和泰國邊境地區。雖然調查數據並不可靠，但根據人口調查結果顯示，撣族人口大約有六百萬名。它也是緬甸的主要民族，與緬族、孟族、若開族同為篤信佛教的民族之一。

在洪水中存活下來的伏羲兄妹

中國漢族

如同前面所說，在洪水神話中最廣為人知的就是諾亞方舟這類的故事，以及兄妹通婚的故事。在兄妹通婚的神話故事中，又以接下來要講的中國漢族神話影響層面最為廣泛，甚至和周遭鄰近少數民族的神話也有關聯，像是苗族。以下故事中所提到的女媧，並非以創世女神的身分登場，而是伏羲的妹妹。

相傳在遠古時期，名為雷公和高比的兩兄弟負責掌管天地。弟弟雷公掌管天上，哥哥高比則負責掌管地面。兩人雖然是兄弟，但個性卻大相逕庭，雷公生性暴躁，高比仁義厚道。

某天，雷公因為人們獻錯祭品，在震怒之下決定處罰人類，讓世間遭逢乾旱，萬物因此枯死。心地仁厚的高比看不下去，於是從天上偷來雨水拯救人類。雷公得知消息後相當氣憤，便與高比大打出手，但雷公卻屢戰屢敗。高比不忍心殺死弟弟，拿起了鳥籠困住雷公，把祂關在裡面。

高比育有一雙兒女，名為伏羲和女媧，祂們是一對兄妹。某天，正巧高比有事情必須到天上一趟，祂把兄妹倆叫過來，並對祂們說道：

「聽好了！你們絕對不能拿水給困在鳥籠裡的雷公喝，不能因為祂是你們的叔父就心軟。」

祂對兄妹倆再三叮嚀。

等高比一離開後，雷公便開口央求姪子們給祂水喝。兄妹倆一開始按照父親的吩咐，拒絕雷公的請求。

「希望叔父諒解，父親有特別交代，絕對不能給您水喝。」

然而，雷公卻一直苦苦哀求，甚至還故意裝出快要渴死的模樣。兄妹倆看到後，內心不禁動搖，最後還是敵不過雷公的請求，拿了水給祂喝。結果，雷公一喝完水後，立刻恢復元氣，一下子就把鳥籠給摧毀，從籠子裡逃了出來。兄妹倆見狀後，嚇得嚎啕大哭。

雷公一面安撫祂們，一面拔下自己的牙齒給祂們作為報答。

「孩子們，多謝祢們的幫忙！再過一會兒，天將會降下滂沱大雨，到時候祢們記得把這顆牙齒種在土裡。」

說完，雷公就消失無蹤。

回到天庭的雷公，命令雨神晝夜不分地下起大雨，彷彿天空開了大洞，雨水從洞中猛灌而下。兄妹倆驚覺不尋常，便把雷公給祂們的牙齒種進土裡。結果，從地底突然冒出一株又一株的葫蘆藤，上面掛了一顆巨大的葫蘆。而這一切的發生，不過是一眨眼之間的事情。

兄妹倆將葫蘆剖開，躲到葫蘆裡去，不知道這場雨下到什麼時候才會停。傾盆而瀉的大雨，讓世界頓時成了一片汪洋。就連雄偉的高山也沒入水中，人們最後全部溺死。只剩下兄妹倆所乘坐的葫蘆，在水面上漂著。

不久後，洪水總算退去，但天地間只剩下兄妹兩人活了下來。這時候，天上的太白星君對他們說。

「現在世間上只剩下祢們兄妹倆了，我在此命祢們二人結為夫妻，延續子孫後代，代代相傳下去。」

兄妹二人抗令不從，認為這麼做有違常理。然而，敵不過太白星君再三勸告，祂們只好告訴太白星君，要是從兩座不同山頂冒出來的煙氣，能夠合而為一，那祂們就允諾成婚。不可思議的是，兩道煙居然真的合而為一，兄妹倆這才甘願接受上天的旨意。從那之後，人類再度迎來興盛。

根據中國漢族各種史書記載，三皇五帝是開創世界與民族的始祖。不過，三皇五帝究竟指的是誰，每本書都有各自的見解。最常見的說法是，三皇分別指的是伏羲氏、女媧氏與神農氏。而三皇之中的神農氏，是負責教導人們務農的神仙。

後來，也有人認為三皇是軒轅氏、神農氏和伏羲氏。值得注意的是，隨著時間的推移，女媧創世女神的地位漸漸式微，甚至到後來被認為是根本不存在的人物。據說，這是因為中國受到儒家思想薰陶，社會父權體制根深蒂固，才會有此現象。創世神話在此正式落幕。接下來，耀眼傳奇的英雄神話篇章，即將拉開序幕。

神農氏

想想看

❶ 世界各地都流傳著與洪水有關的神話，大部分的版本都認為是因為人類犯錯，受到上天處罰，才會降下洪災。但除此之外，也有其他洪水神話作出了不同的解釋，認為人類並不是受到處罰。試著比較看看，世界各地的洪水神話有何不同之處吧！

提示 關於洪水發生的原因、過程和結果，可能稍微有些不同。有趣的是，他們都是受到幫忙後，搭乘某種可以漂浮在水面上的物品，最後活下來成為人類的祖先。

想想看

❷ 在洪水神話中，常見的情況是最後僅剩一對兄妹倖存。在這樣的情況下，如果不違背道德禁忌，人類就無法延續後代。因此，許多神話故事的安排，都是讓兄妹經過重重考驗後，才結為夫妻延續生命。不妨找找看，還有哪些類似像這樣的洪水神話吧！

提示 尤其在東方神話中，關於兄妹結為夫妻的部分，會盡可能以合理化的方式解釋。或許是因為在東方社會中，特別重視儒家傳統和倫理道德，才會有這樣的呈現，你的看法又是什麼呢？

第6章

塑造英雄的民族，建立國家的英雄

在英雄取得最終勝利的果實中，
最重要的功勳莫過於「建國」，也就是建立國家。
英雄是介於神話和歷史之間的真實人物。

穿梭於神話與歷史之間的英雄們

誠如前面所看到的，在創世神話最後的部分，洪水神話幾乎都顯示出創世之神像高山一樣高不可攀的地位。這麼做是為了糾正最初人類所犯下的錯誤，努力恢復創世之神的威嚴。事實上，在那之後創世神的地位急遽衰退。取而代之的是擁有非凡能力的人類英雄，他們憑自己的力量試圖重新塑造新世界，象徵英雄時代的到來。

這些英雄雖然是人類，卻有著不亞於神仙的莊嚴容貌。更重要的是，他們從一出生就與眾不同。有些英雄來歷不凡，有著不為人知的身世祕密；也有的光是出生的過程就超乎常理。

充滿神祕且十分奇特的出生經歷，是英雄的第一個特徵。神話故事中的英雄，大部分都來自於天上，而這當然也是為了增添神祕色彩的一種策略。他們與常人的不同之處在於，可能是由蛋孵化而生，或是由肋骨進入母親的身體，甚至也有不少英雄一出生就身穿盔甲。

蒙古經典史詩《格薩爾王傳》中的主角——格薩爾（Gesar），兒時的名字叫「覺如」。覺如出生時面目凶狠醜陋，甚至連母親都想殺死他，擔心自己是不是生了一隻惡魔。不過，覺如之所以會有那樣的長相，是因為他奉命下凡，收服在人間作亂的妖魔鬼怪，是天神的化身。

另一方面，相傳東北亞赫哲族的祖先——哈多，則是誕生自樺樹，從小就以捕獵鳥為主食。

非洲巴恩顏加部族英雄史詩《姆溫都》（Mwindo）中的主角，在母親的肚子裡就能決定自己出生時的性別，他最後決定以男孩的身分出生，是因為他的父親禁止妻子們生男孩。然而，他認為若是僅僅以生而為男的方式出生，太過平凡無奇，於是他選擇從母親的手指出生。甚至一出生就全副武裝，像是要立刻衝到沙場上作戰一樣。

相傳在中美洲的馬雅神話，也有一名女子因為頭顱吐出的口水而受孕，生下了最後成為太陽和月亮的雙胞胎英雄。歐洲凱爾特族的英雄庫胡林，在他出生之前，一隻「蜉蝣」掉進他母親的酒杯裡，母親喝下那杯葡萄酒後，便懷孕生下了他。其實，那隻蜉蝣是太陽之神魯格所變成的。

韓國建國神話中的民族英雄，也依循著同樣的定律。像是赫居世、首露王、朱蒙、金閼智這些英雄，大部分都是奉天命下凡，或是與天界有很深的淵源，不過也有從地底竄出的英雄。

根據濟州島的三姓穴神話，在尚未有人類出現的太古時代，從地底冒出良乙那、高乙那、夫乙那三位姓氏不同的神人，三人成為了濟州島的祖先。而這三個姓氏也是後來島上最多人使用的姓氏，可以說是相當特別的神話。

在那之後，英雄神話大致上也都遵循同樣的模式。首先，英雄在成長過程中會接受到特別的任務或使命。通常都是奉上天之命，或是受到族長或君王的徵召，拯救民族和國家脫離危機。

例如，在《鉢里公主》神話中，當父王和母后得了不治之症時，鉢里公主被賦予的使命，就是四處尋找神祕的救命靈藥。然而，一直以來備受父母疼愛，在皇宮裡安穩度日的其他六個姐姐，卻不願意幫父母尋找解藥，紛紛推辭自己辦不到。身為么女的鉢里公主，儘管一出生遭到父母遺棄，仍毅然決然地接下艱鉅的任務，想盡辦法救活父母。

也可能會出現傳達使命的信使或動物，像是電影《魔戒》（The Lord of the Rings）中，魔法師甘道夫現身賦予使命給哈比人佛羅多，他的使命正是將魔戒帶到魔多扔進火山口，藉此消滅索倫的力量。

英雄為了完成使命，緊接著正式展開冒險，等待他的是一連串意想不到的難關。此時，英雄身邊往往也會有貴人相助。《魔戒》中出現的「魔戒遠征隊」，正是這樣的概念。

不管怎麼說，英雄絕不會逃避迎面而來的考驗，反而會在費盡千辛萬苦後，最終贏得勝利。從這點來看，英雄神話絕大多數的結局都是美好的，當然也有不少例外就是了。

在英雄取得最終勝利的果實中，最重要的功勳莫過於「建國」，也就是建立國家。換句話說，這也可能是最初英雄所被賦予的使命。建立國家是英雄的使命，因此英雄才會被認為是介於神話和歷史之間的真實人物。

地球上許多國家在描述自己的早期歷史時，幾乎都會有類似像這樣的建國英雄出現。他們是否為真實存在的人物並不重要，因為更重要的意義在於無論用哪一種方式，都必須確保建立國家的正當性。

然而，並不是所有英雄都一舉創下建國之功，或成為部落的始祖。如同前面所說的，英雄的出現也可能是為了其他目標，就像鉢里公主一樣，為了治好父母的不治之症，隻身前往冥界。

以韓國為例，在濟州島的巫俗神話中，也有許多類似像這樣的英雄。他們並不是為了建立國家或成為部落始祖才挺身而出，而是自願承擔責任，賜予人類生命旅程中必經的任務。就像《世經本解》中的主角自請妃，自願成為農耕神，為大地帶來豐收；《差使本解》的降臨道令——姜林成為陰間使者，掌管生死大事。

接下來，就讓我們一起進入饒富趣味的英雄神話世界吧！

蒼狼的後裔阿蘭豁阿

蒙古

蒙古族是東北亞草原地區最具代表性的遊牧民族，在中世紀時期，建立了叱吒天下的大帝國。他們自詡為蒼狼的後代，認為自己是蒼狼和白鹿在遠古時期奉上天旨意成婚後所生下的後代子孫。

蒙古神話反映了他們生活在荒涼草原，必須克服惡劣環境求生存的命運。也因為這樣，在聆聽他們的神話時，彷彿置身在草原中，各種野生動物的聲音都能歷歷在耳。

蒙古族曾經是草原霸主，他們尊稱自己的首領為「單于」。不知從何時起，百姓們之間開始流傳著奇怪的謠言。據說，單于生了兩個美若天仙的女兒，美到所有看到她們的人眼睛都瞎了。甚至有傳言說，由於眼睛瞎掉的人越來越多，再也沒有人見過他的兩個女兒。

謠言也傳到單于的耳裡，他聽完後深深嘆了一口氣。事實上，就連他自己也覺得兩個女兒的美貌非比尋常，異於常人。隨著女兒們長大後，他開始為兩個女兒的婚姻大事，感到憂心不已。因為舉國上下都流傳著，只要看到她們，眼睛就會瞎掉的謠言，儘管他再怎麼否認，也沒有任何人相信。

於是，單于想通了！硬將兩個女兒許配給一般人，是違背天意。

「看來只能把她們兩個交由上天安排了。」

單于下定決心之後，就在北方無人居住的沙漠，搭建了一座非常高大的建築。接著，他把兩個女兒帶到那裡，讓她們爬到最上方，單于對上天說道：

「老天爺啊！祈求您為我兩個女兒的婚姻大事作主吧！」

單于和妻子把兩個女兒留在偏遠之地後，便轉身離去。單于的妻子捨不得丟下女兒，忍不住淚流滿面。

三年後，單于和妻子二人重返原地，看見兩個女兒依舊待在那裡。

妻子開口對單于說：

「是時候要放棄了，我們把孩子帶回家，讓她們嫁給一般人就好。」

但單于卻對妻子說：

「不行，看來只是時機未到，讓我們再等等吧！」

夫妻倆把兩個女兒留在原地，又再度離去。

又過了一年，一隻年邁的狼晝夜不分地在建築物附近徘徊，並發出狼嚎聲，看起來似乎在守護著兩姐妹。野狼在建築物下方挖了一個洞穴，日夜堅守崗位。

妹妹見狀後開口說道：

「父親讓我們兩姐妹待在這裡，希望上天為我們的婚姻大事作主，結果卻來了一隻狼。在我看來，這隻狼非同小可，不是一般的野獸，或許是上天派來保護我們的。」

妹妹說完後，決定把野狼找來成婚。姐姐大吃一驚，生氣地斥責妹妹：

「怎麼看牠都只是一頭野獸，不可以嫁給牠！妳這樣不只讓父母受辱，也會讓整個國家蒙羞。」

無論姐姐如何勸阻，妹妹依舊聽不進去。最後，妹妹執意嫁給野狼，成為了野狼的妻子。

在那之後，子孫繁盛，綿延不絕，國家日益興盛。人們喜歡拉高嗓子唱歌，就好像野狼嚎叫的聲音。

這個神話在草原廣為流傳，由於狼是草原上最凶猛可怕的野獸，人們對狼充滿了敬畏，因此才會出現這樣的神話。除了口耳相傳的野狼後代神話外，還出現了另一則神話。

接下來的故事，將帶大家了解蒙古建國神話，看看統領蒙古的成吉思汗祖先究竟是誰？他又如何建立國家？

蒼狼部落的人們歌喉清脆響亮，唱起歌來十分動人，只要他們一唱歌，便會讓白鹿部落的女人們醉心不已。在蒼狼部落中，有一名少年歌聲最為迷人。而白鹿部落的酋長有一個漂亮的女兒，她也被少年的歌聲深深吸引，每天晚上都會偷偷溜出村子與少年私會，卻沒有任何人發現。某天，兩人突然一聲不響地消失無蹤。

兩個部落的人對此感到震驚不已，翻遍了整個草原，卻遍尋不著兩人的下落。他們二人在無人之地落地生根，生下了孩子後，子孫綿延，代代相傳，就這樣延續了好幾代。

傳到了某一代是位富翁，生有二子。老大哥哥是獨眼俠——都蛙鎖豁兒，老二弟弟是英勇壯士——朵奔篾兒干。都蛙鎖豁兒額頭上長了一隻巨眼，可以看清三個箭程遠的地方；朵奔篾兒干則力大無窮，是一名神射手。兄弟倆情比金堅，感情和睦。然而，哥哥已經成婚，還生了四個孩子；弟弟雖已屆適婚年齡，卻仍是孤家寡人。

某天，哥哥都蛙鎖豁兒來到了不兒罕山，爬到山頂向下俯視，看見遠方有一名女子坐在黑色的馬車上。於是，哥哥便對弟弟說：

「遠方乘坐馬車前來的女子，貌美如仙。若是那名女子尚未嫁人，你們倆一定會是很般配的一對。」

原來，那名女子是彩虹部落神射手的女兒，名叫阿蘭豁阿。她的美貌在草原地區人人皆知，但因為她是神射手的女兒，因此沒有人敢冒犯。都蛙和朵本兄弟倆便跟在阿蘭豁阿身後，向她提出成親的請求。傳聞兄弟倆其實是強行把她帶到不兒罕山，阿蘭豁阿的父親聽到傳聞後，立刻派人翻遍了整座山，卻遍尋不著女兒的蹤影。

後來，朵奔篾兒干與阿蘭豁阿結婚生下兩個兒子，但向來對他們照顧有加的兄長都蛙不幸離世。不久後，弟弟朵奔也過世了。

阿蘭豁阿頓時成了寡婦，必須靠自己的力量養活孩子。然而，她卻突然懷了身孕，生下三個灰眼睛的孩子。

身邊的人開始議論紛紛，朵奔篾兒干的兩個大兒子分別叫別勒古訥台和不古訥台，就連他們也對母親懷孕產子一事感到懷疑。

「父親過世，母親並未改嫁，卻生下了三個兒子，實在令人匪夷所思。」

旁人的閒言閒語也傳到了阿蘭豁阿的耳裡，但她卻沒有多作任何回應。因為光是忙著養家餬口，就已經讓她精疲力盡。隨著時間流逝，三個兒子也長大成人，能夠獨立生活，但謠言並未就此停歇。

某天，她把五個孩子叫到跟前，各拿了一枝箭給他們。

「給你們一人一枝箭，試著把箭折斷吧！」

五個兒子輕而易舉地就把箭折斷了，阿蘭豁阿接著把五枝箭綁成一束，要他們再試試看。這次，無論他們怎麼試，都無法折斷綁成一束的五枝箭。於是，阿蘭豁阿便將三個兒子的身世祕密告訴他們。

「聽好了，你們會懷疑是正常的，但你們都是我的兒子。有件事情我要告訴你們，當年每天夜裡在睡夢之際，都會有一道黃光從帳幕頂端或門縫鑽進屋內，輕輕撫摸著我的肚子，我的肚子才會因此隆起，接連生下了三個兒子。」

阿蘭豁阿深信，將來在這些孩子當中，必定會出現一位偉大的君王。接著，她告誡五個孩子。

「你們五個都是我生的，是同個娘胎出生的親兄弟，你們要好好相處。一枝箭易折，但五枝箭合在一起，能輕易折斷嗎？」

「不能。」

兄弟五人異口同聲地回答道。

「你們正像方才那五枝箭，一支孤箭容易被人折斷；但若是兄弟五人同心協力，任何事情也難不倒你們。」

兄弟都聽話答應了母親，但等到阿蘭豁阿過世後，他們幾個人又為了所剩不多的遺產起紛爭。

年紀最小的孛端察兒，有別於四個哥哥

傳統蒙古包帳篷

們，從小體弱多病，心地卻很柔軟。在母親死後，他沉浸在悲傷中，久久無法自拔。哥哥們卻趁機排擠他，在分遺產時把他排除在外，甚至只給了他一匹病懨懨的馬，還將他逐出家門。

被趕出去的孛端察兒，置身在一片廣大的草原中，不知該何去何從，只好沿著河流繼續前行。最後，他在河畔某處搭建屋舍，就此定居下來。他拔下馬兒尾巴上的毛，笨拙地做了一個陷阱，看看能不能抓到一隻鳥也好。他所做的陷阱十分簡陋，簡陋到連鳥兒都不會上當。

不過，說也奇怪，有一天陷阱竟然意外抓到了一隻老鷹。但孛端察兒並沒有吃掉老鷹，而是細心照料牠。慢慢地，老鷹便開始幫他狩獵，把肉帶回來給他吃。從此之後，孛端察兒每天都可以吃到老鷹獵食回來的肉。草原上的人們對此感到相當訝異，看似不機靈，身體又瘦弱的孛端察兒，居然什麼也沒做，就能過著富足的生活。

他的其中一位哥哥，出於擔心前去尋找他的下落。心想著就算只找到弟弟的屍骨，也一定要找到後再好好安葬他。哥哥沿著河邊一路往上走，從人們那裡得知弟弟孛端察兒的消息。大家紛紛驚訝地表示，孛端察兒即使只有自己一個人，也依舊過得很好。

哥哥很快地就找到他，孛端察兒居住在一個羽毛滿天飛的地方。老鷹幫他抓來了許多鳥，多到附近到處都是羽毛。孛端察兒已經不再是從前那個傻呼呼的孩子，他幫助了很多人，是大家心目中的勇士。

不久後，孛端察兒結婚生子。他的其中一位後代子孫，建立了偉大的帝國，那人便是鐵木真，也就是威震天下的霸主——成吉思汗。在那之後，蒙古人便將孛端察兒的母親阿蘭豁阿，視為蒙古的始祖母。

在蒙古經典史書《蒙古秘史》一書中，也曾記載著這麼一段故事。當寡婦阿蘭豁阿在丈夫去世後接連懷孕生子，引起眾人非議時，她告訴她的兒子們：「每夜有黃白色人。自天窗門額明處進入，將我肚皮摩挲。他的光明透入肚裏去時節。隨日月的光，恰似黃狗般爬出去了。」接著她又表示，這象徵著即將會有成為偉大君主的後代誕生於世。

歷史學家拉施德丁（Rashid-al-Din Hamadani）在著作《史集》一書中，也曾多次引用該段故事。它既是著名的創世神話，也是建國神話。阿蘭豁阿說的「偉大君主」後代，正是草原霸主——成吉思汗。

被天界驅逐的須佐之男，打跑怪物

日本

伊邪那岐與伊邪那美是日本創世神話中的兩位主角，創造了無數的島嶼和國土。女神伊邪那美生下孩子後，便命喪黃泉。伊邪那岐因為思念妻子，便遠赴黃泉與妻子會面，卻因違反規定被驅逐。由於伊邪那美死後被蛆蟲蛀爛導致面目全非，伊邪那岐見狀大驚而逃。伊邪那美感到自己被羞辱，氣得想殺死伊邪那岐。

好不容易撿回一命的伊邪那岐，認為自己從汙穢之地回來，理應沐浴淨身。在洗濯過程中，誕生了眾多神仙，其中包括日本神話世界中最著名的三大尊神，分別為日神（天照大神）、月神（月讀尊）以及海神（素戔嗚尊）。

然而，素戔嗚尊卻經常惹是生非，甚至還到天上欺負祂的姐姐天照大神，做

素戔嗚尊

盡各種壞事。祂恣意踐踏天照大神耕種的田地，甚至在神殿屋頂上拉屎，就連無辜的仙女也被祂害死。伊邪那岐氣憤地將祂貶入凡間。這篇神話正是關於素戔嗚尊被逐出天界的故事。（譯註：素戔嗚尊是《日本書紀》中的稱呼；而在另一本《古事記》中，則稱其為須佐之男命）

素戔嗚尊被流放到了出雲國，祂沿著河邊一直走，走了好一陣子卻沒看見任何人。不久後，祂看到河面上漂著筷子，心想這附近應該有人居住。祂滿懷期待地繼續往河流上游前行，終於看到一間破舊的屋舍。走上前一看，屋內有一對老夫妻正在哭泣，中間還圍著一個女孩。

「你們是誰？為何要哭泣？」

素戔嗚尊用嚴肅的語氣詢問後，老先生回答道。

「我們夫妻倆是大山津見神的子孫，女兒名叫奇稻田姬。原本我們有八個女兒，但居住在北邊遠方的八岐大蛇，每年都會來抓走一個女兒。今年牠應該也會來抓走我們最後一個女兒。」說完忍不住又痛哭失聲。

於是，素戔嗚尊再次問道：

「八岐大蛇究竟是何方妖孽？」

「牠是一種可怕的妖怪，有著鮮紅色的眼睛，一個身子長出了八個頭和八條尾巴，身軀猶如一座山，就連雪松和柏樹也比不上。牠的身長如此之長，甚至長到可以翻越過八谷八山。更可怕的是，八岐大蛇的肚子裡總是沾滿了紅色的鮮血。」

素戔嗚尊興奮地摩拳擦掌，準備和怪物一較高下。

「好，我替你消滅那條可怕的蛇，但你的女兒必須嫁給我。」

「冒昧請教您貴姓大名？」

「我是天照之神的弟弟素戔嗚尊，目前被逐出天界，貶入凡間。」

老夫婦聞言大吃一驚，毫不遲疑地回答道：

「我們願意將女兒許配給您。」

素戔嗚尊便把老夫婦的女兒奇稻田姬變成一把梳子插在頭上，這樣一來她就不會被八岐大蛇吃掉。接著，祂又對老夫婦說：

「首先，你們先釀製喝一口就會醉的毒酒。接著在房子四周搭建堅固的圍籬，做出八扇門後，在八扇門內各擺上一個架子，再把酒桶分別放在架子上。最後，將毒酒倒滿酒桶後，就找個地方躲起來。」

夫婦按照素戔嗚尊的指示做完後，靜靜等待八岐大蛇現身。

果然過沒多久，巨大無比的八岐大蛇就出現了。八岐大蛇聞到酒香後，便將八顆頭分別鑽進八扇門，把頭埋進酒桶裡，開始大口大口地喝起酒來。不久後，醉醺醺的八岐大蛇醉到在地，八顆頭倒在地上呼呼大睡。

此時，素戔嗚尊也現身。祂從腰間抽出一把劍，將八岐大蛇的八顆頭顱一一砍下，大量鮮血瞬間噴湧而出。當祂用刀斬斷蛇身和八條尾巴時，素戔嗚尊的劍也應聲而斷。素戔嗚尊認為這並不尋常，懷疑大蛇身上帶有奇物，於是將大蛇的八條尾巴全部剖開。果然，在裡面發現了一把十分銳利的神劍。在那之後，素戔嗚尊將這把劍獻給天照之神當作禮物，這把劍流傳到了後世，正是大和政權代代相傳的寶物——「天叢雲劍」。

素戔嗚尊在斬殺妖怪後，便和奇稻田姬成婚，過著幸福快樂的生活。

競逐天下的涿鹿之戰

中國漢族

在歷史小說《三國誌》一書中，出現過各種大大小小的戰爭，無論是赤壁之戰或是諸葛亮平南中戰爭，都曾撼動整個天下。不僅是劉備、關羽、張飛，還有曹操、孫權等眾多將軍和軍師相互較量，看得令人心驚膽跳。

然而，在遙遠的上古時代，大概沒有比涿鹿之戰更震撼的戰爭。中國漢族始祖軒轅黃帝贏得勝利，最後統一中原。推算起來，這場戰爭是發生在史前時期。

當時，天下是由軒轅黃帝所掌管。他以德行教化百姓，以武力保衛國家。他坐在崑崙山的宮殿，卻能知天下事，不分晝夜為百姓著想。為了讓五穀興盛，甚至調節天氣，百姓們也因此過著安居樂業的生活。不過，南方地區偶爾會發生動亂，這一切都是蚩尤造成的。

蚩尤是掌管南方巨人部落的首領，長相十分怪異。他的頭是銅鑄成的，額頭則是鐵打的，有四隻眼睛、八隻手腳。頭上還長兩個銳利的尖角，光是看到他的長相，就令人毛骨悚然。蚩尤有八十一位兄弟，他們不只外表凶狠，性格也很暴戾，但沒有人比得上蚩尤。

原本南方是由神農炎帝掌管，但炎帝逐漸衰落，蚩尤趁勢擊敗炎帝。氣燄高漲的蚩尤，開始想要侵占黃帝的地盤，一舉成為天下霸主。黃帝聽到消息後，想以言語教化蚩尤。然而，性格剛烈的蚩尤，哪有可能這麼容易屈服。

蚩尤

蚩尤舉兵攻進中原，黃帝也從四方召集諸侯，聯合各個部落組成軍隊，向蚩尤宣戰，並對眾人高聲喊道：

「這場戰爭是由蚩尤挑起的，我原本想

以言語教化他，奈何他性格頑劣，不願聽勸，膽敢越界入侵國境。我絕不能再坐視不管，現在正式向蚩尤宣戰。這將會是正邪對抗的決戰！」

務農的百姓們懷抱著忠誠和正義感，舉起了長矛和刀劍準備迎戰。黃帝的軍隊除了農民外，就連鬼神和各種鳥類、野獸也紛紛號召響應。眾人皆對黃帝的恩德感佩於心，自願加入軍隊並肩作戰。

但蚩尤的軍隊為了打仗受過嚴格訓練，個個皆是以一抵百的戰士。戰爭一開始，兩支軍隊很快就分出高下。蚩尤的軍隊以排山倒海的氣勢猛衝直擊，再加上蚩尤施展神通，製造一場濃霧，讓敵方找不到自己的位置，採用隱匿突擊戰術。

從四處傳來黃帝屬下們痛苦的哀嚎，那聲音不絕於耳。士兵和猛獸們死的死，傷的傷，到處竄逃。這場濃霧簡直就是死亡之霧，黃帝的陣營徹底潰敗，就連黃帝也束手無策。

就在這時候，突然聽到一聲吶喊。

「大家打起精神來！只要跟著我走就好！」

一個熟悉的聲音在耳邊響起，說話的人原來是年邁卻睿智的宰相風后。黃帝朝向聲音的來源處看了又看，還是看不清楚是怎麼回事。但這番話也讓迷霧中的士兵們重振士氣，為捲土而來做準備。

事後才知道，風后利用自己發明的指南車，即使在濃霧中也能辨別方向。與今日的指南針有著異曲同工之妙的指南車，車上有一根方向桿，一端指向北方，另一端則指向南方，因此能掌握方向。黃帝的士兵們趁著這股氣勢，以龍吟之聲嚇跑了蚩尤派來的妖魔鬼怪。

黃帝召集軍隊來到涿鹿，準備展開最後決戰。黃帝派應龍當先鋒打頭陣，應龍是一隻能夠呼風喚雨，具有神通力的巨龍。牠降下傾盆暴雨，把蚩尤的妖怪士兵們嚇得落荒而逃。但蚩尤立刻派出風伯和雨師，攻擊應龍的兩側。風伯和雨師也一樣會呼風喚雨，應龍被反擊得筋疲力盡，法力全失。

接著，黃帝派出他的女兒。女魃雖是公主，卻有著凶狠的外貌，全身像火球般。她一出現，戰場瞬間如火爐般炙熱，蚩尤的士兵們被火燒傷後一一倒下，喉嚨被灼傷無法呼吸的士兵則是拋下武器逃跑。

蚩尤的下場也好不到哪裡去，他帶著屬下躲到深山。黃帝想了一招妙計對付蚩尤，在遙遠的東方住著一頭名為夔的野獸，夔的外貌像牛卻沒有角，只有一條腿。神奇的是，牠可以在陸地和水中穿梭自如。

黃帝用夔的皮做成鼓，蚩尤的軍隊聽到敲鼓聲後，嚇得魂飛魄散，不知該如何是好。就連遠在五百里外，都能聽到震耳欲聾的鼓聲。黃帝的軍隊根本不用親自上戰場打仗，只要一敲鼓，就能擊潰蚩尤的軍隊。不到半天的時間，就能看見鼓聲的威力。敵軍們血流成河，屍體堆積如山。

但蚩尤仍硬撐著，前去尋求巨人夸父族的協助。夸父族的人們雖然生性善良，卻愚鈍無比，不懂得分辨是非善惡。他們認為替弱者打抱不平是對的，便決定挺身而出幫助蚩尤。他們究竟有多麼愚笨呢？笨到甚至還曾經發生夸父追日這樣的軼事。

一名夸父認為自己是世界上跑最快的人，他不服氣為什麼太陽總跑在自己的前頭，於是他決定要跟太陽一較高下。

「你等著，我一定會抓到你的！」

夸父開始追著太陽跑，但無論怎麼追，仍與太陽相差一步之遙。儘管如此，夸父還是氣喘吁吁地拚命追趕。等到太陽日落西山後，此時的夸父感到頭暈目眩，沒有力氣站起來。

他因為口渴難耐，便一口飲盡黃河的水。但依舊無法止渴，他又把北方的貝加爾湖水全部喝完，卻還是一樣口乾舌燥。最後他被雷劈死，像枯木一樣倒在地上。他倒下的地方，化成一片方圓數百里的桃林。

如此愚昧的夸父族，自然不是黃帝的對手，最後終於敗在黃帝手上。蚩尤的兄弟們全部都死了，只有蚩尤被擄獲，但他仍不願投降。於是，黃帝便在涿鹿的平原殺死蚩尤。蚩尤在最後被斬首時，脖子上還戴著刑具，腳上銬著鐵鍊，避免他攻擊人，可見他有多麼凶暴。

從此，天下恢復太平。

目前中國是由五十六個民族組成的多民族國家，然而在實際比重上，卻以漢族為主。以人口比例來看，漢族人口遠超過百分之九十。儘管如此，中國仍極力推動拉攏少數民族的包容政策。當然，難免也會與其他少數民族產生衝突，面對關係不睦，以及曾經發生過的歷史事件，要如何處理解決，也成了另一項令人傷腦筋的課題。

事實上，由於漢族長久以來統治中原，認為自己是世界的中心，甚至稱鄰近國家為蠻荒之邦。東夷、西戎、南蠻、北狄這些稱謂，自古以來就是帶有貶低鄰近國家意味的說法，韓國正是屬於東夷族之一。

炎帝和蚩尤的根據地位於目前中國南方和西南方一帶，但在中國歷史上提到「三皇五帝」時，經常把炎帝納為「三皇」之一。然而，蚩尤從頭到尾就只是蠻夷之邦的首領，他存在的目的只是為了強化黃帝的地位，也就是為了鞏固漢族的威嚴，扮演被擊潰的敵人和失敗者的角色。

但歷史上沒有永遠的敵人，也沒有永遠的朋友。現階段中國為了走向多民族國家之路，致力於促成少數民族融合，甚至將南方的蚩尤納為中華三祖，不再視蚩尤為敵人。也因為這樣，過去不曾見過的場景，開始在中國各地出現。原本對漢族而言，形同惡魔般的蚩尤，突然搖身一變成為中華三祖，成為祭壇上受人景仰的對象。一九九八年在河北省涿鹿縣境內興建了一座巨大的建築物，名為「中華三祖堂」，就是最具代表性的例子。

原本學者們對於神話中的涿鹿究竟所指何處眾說紛紜，但最後中國政府官方將該地明定為河北省涿鹿縣。同時，也將黃帝、炎帝和蚩尤並列為中華三祖，同時興建祠堂祭拜，此舉象徵著中國多民族國家的起源。中國在二〇〇八年舉辦北京奧運時，也是在這裡點燃聖火。從這個例子很明顯可以看出，中國致力於推動少數民族的包容政策。

在韓國，也有不少學者主張蚩尤與大韓民族有密切關聯。二〇〇二年世界盃足球賽時，紅魔鬼應援團正是以蚩尤為象徵的「紅魔」作為隊旗。

黑與白的對決——黑白之戰

中國納西族

納西族主要居住在中國西南部的雲南省麗江市，一年四季冰清如玉般的白雪覆蓋在玉龍雪山的山頭上，巍峨聳立的高山彷彿直入天際，俯瞰著麗江古城這座城市。自古以來，麗江一直是茶葉和馬匹貿易重鎮，麗江的茶馬古道比著名的絲綢之路更早開通。

納西族相當重視傳統文化，他們篤信東巴教，是一種融合佛教和薩滿教的宗教。東巴教的經典《東巴經》是以納西族古文字東巴文書寫而成的，是兼具表意和表音成分的圖畫象形文字。這些經文在我們的眼裡看來並不像文字，更像是一幅美麗的畫。

納西族也保有自己的神話，並代代相傳。接下來要介紹的「黑白之戰」，是一份相當珍貴的歷史資料。在這個神話故事中，我們可以了解到納西族的土地如何形成，以及祖先們如何禦敵。事實上，他們不斷與鄰近強大的漢族和藏族抗爭，為的就是守護民族的歷史與文化。

很久很久以前，米利術主的術族與米利東主的東族為了一棵神樹互相鬥爭。術族想要趁黑夜偷偷砍掉神樹，而東族便不分晝夜地守護著神樹。從此，東族和術族結下了不解之仇。

兩族以神海岸邊的若倮山作為交界，分成黑白兩界。東族住在白界，術族住在黑界，黑白兩界互不往來。東族白界的太陽，是由白色的豪豬來看管的，但術族卻派出黑鼠偷偷爬到山下挖了一個洞，讓白界的陽光得以透過縫隙照進黑界。

米利術主趁機偷走了東族的太陽和月亮，但米利東主馬上就把它們搶回來。術主並未就此善罷甘休，他命兒子米委再次前去偷走東族的日月。

東族的王子阿璐長相英俊，性格敦厚，為人正直勇敢。他機智過人，又具有無比的英雄氣概，負責在領土邊界守護日月。某天，當阿璐正在巡邏時，在交界處遇見術主的兒子米委。米委拜託阿璐前往黑界，替他們開闢天地，讓他們也能擁有太陽和月亮。於是，善良的阿璐便欣然答應。

阿璐回去向父親稟報，懇請父親同意，卻遭父親嚴厲拒絕。不過，父親也特別傳授阿璐一項祕招，如果他仍堅持要幫術族開天闢地，記得要將術族的地闢成傾斜的形狀。阿璐按照父親的指示，完成後便連忙趕回。當他抵達交界處時，看見米委設下銅架、鐵架，插上銅刺、鐵刺，想置他於死地，幸好他及時脫逃。

米委發現阿璐居然順利逃出，拚命追趕。然而，當米委追趕到交界處時，不幸落入阿璐事先設下的圈套，被機關活活刺死。東主命族人挖一條深溝埋葬米委的屍首，此舉卻反而引起巨大的紛爭。

術主為報殺子之仇，動員所有兵力發動戰爭。但東主早有準備，紛紛藏匿起來。一無所獲的術主，決定施展美人計。他派自己的女兒格饒茨姆，前往神海邊沐浴淨身。

格饒茨姆一邊沐浴一邊彈奏樂器，唱起扣人心弦的情歌。不久後，阿璐果然中計被捕。但格饒茨姆卻也被阿璐的真情感動，假戲真做陷入了愛河。

阿璐被捕後堅決不投降。此時，格饒茨姆也替阿璐生下了兩個孩子。氣憤的術主對阿璐危言恫嚇，命令阿璐交出東族的日月，但阿璐寧死不屈，視死如歸的阿璐最後從容就義。

「東族人不怕死，就算你們殺了我，也永遠得不到太陽和月亮！」

格饒茨姆見狀雖然傷心欲絕，卻也無力違背血族之親，只能向命運低頭。在阿璐被處死之際，她流著血淚懇求術主。

「阿璐的臉像日月一樣的明亮俊美，請不要讓血污染了他的臉。我戀著阿璐的頭啊，請不要用鎬挖他的頭！我戀著阿璐的心啊，請不要用長矛戳他的心！」

阿璐最後用生命保住了太陽和月亮，但東主不知道阿璐遇害的消息，仍四處尋找他的下落。阿璐的兩個兒子長大後，避開術族黑風和黑雲的耳目，偷偷跑去找東族的白風和白雲，懇請他們回白界通風報信。東主在得知兒子的死訊後，決定展開復仇之戰。

「鐵匠晝夜來打鐵，火花像鷹飛，爐聲似龍吟，打鐵如雷響。虎紋豹紋的戰甲打出來，閃閃發亮的頭盔打出來，箭鏃矛尖打出來，叉戟寶刀打出來。砍下三座雲杉林，做成千支萬支長矛杆；砍下三座金竹林，做成千塊萬塊堅盾牌。殺掉千隻、萬隻犛牛，牛骨做堅弓、牛皮做弓弦……」東族正式向術族宣戰。

一場驚心動魄的黑白大戰就這樣展開，天上隆隆響，地上塵土揚。東族的士兵們展開追擊，術族的士兵們落荒而逃。刀劍聲不斷，術族的九道防線和九座山寨被一一攻破，無數的士兵和馬匹屍首堆積成山，最後連術主也被殺死。

從此，迎回光明世界，東族的子孫繁衍興盛。

「黑白之戰」是納西族經典創世神話，同時也是英雄史詩。如同觀戲一般，生動演繹出英雄壯烈犧牲的故事，其中也有一段美麗淒涼的愛情故事。善與惡、黑與白的衝突與對立，終究導致了一場誰也無可避免的戰爭。當然，最後的勝利仍是屬於善良光明的一面。

毗濕奴的第四種化身——人獅那羅辛哈

印度

在宗教或神話中，經常會出現「化身」這樣的概念。如同字面上的意思，化身指的就是變換身形。英語稱之為「Avatar」，但其實這個名詞源自於印度梵語。風靡全球的電影《阿凡達》（Avatar），整部片也正是以化身的概念為基礎。電影的基本設定是將人類意識轉移到潘朵拉星球的居民身上，藉此獲取人類所需的新能源。下半身癱瘓的前海軍陸戰隊員傑克・蘇里參與阿凡達計畫，是電影故事的開端。

在佛教中所謂的化身，指的是佛陀為了救度或教化眾生，會顯化為不同樣貌。通常會以正派角色或形態現身，但必要時，也會化身成像魔王一樣可怕的形象，給予人們教訓。基督教中「道成肉身」的概念與此類似，認為耶穌就是上帝的化身。

在印度教中，化身的概念扮演著相當重要的角色。因為神仙想要到人世間時，往往必須以人類的外貌現身。當然並不是只能化身為人類，有時也會化身成可怕的怪獸，藉此處罰人們。

印度神話中三位最高的主神，其中又以毗濕奴的化身最有名。毗濕奴的化身又分成以下十種。

毗濕奴的十大化身

1. 靈魚馬特斯亞：幫助人類免於洪水之難的大魚
2. 神龜庫爾馬：以龜背支撐曼陀羅山作為攪棒攪拌乳海
3. 野豬瓦拉哈：用獠牙將沉入海底的大地托出水面

4. 人獅那羅辛哈：為了擊退魔王，變成半人半獸的怪物
5. 侏儒瓦摩納：創造宇宙三界的侏儒
6. 持斧羅摩：手持斧頭揮舞，殲滅所有剎帝利的血之勇士
7. 羅摩：以人形方式現身，是打敗魔王羅波那的王子
8. 克里希納（黑天）：以各種樣貌現身，集結印度人的愛於一身
9. 佛陀：佛教創始人
10. 白馬卡爾基：騎著白馬出現，在世界毀滅前結束暗黑時代，是未來的救世主

如前面所說，印度教認為釋迦牟尼也是毗濕奴的化身之一。當然，佛教對此並不認同。

毗濕奴第七個化身——羅摩，扮演的角色尤其重要。魔王羅波那在歷經激烈的苦行後，創造神梵天賜予他永生不死的命運，無論是神仙或鬼怪，任誰都傷不了他。於是，羅波那變得越來越猖狂，不斷擾亂世間，甚至還捉弄天神。毗濕奴便

降生世間化身為王子，名為羅摩，目的是為了殲滅魔王。當時，由哈努曼所率領的猴子軍團，也一起加入作戰行列。在羅波那綁架羅摩的美麗妻子悉多後，戰爭就此展開。

這個故事名為《羅摩衍那》，與《摩訶婆羅多》並稱為印度兩大史詩。《摩訶婆羅多》描述般度族和俱盧族兩個家族為了爭奪王位，發動一場為期十八天的激烈戰爭。般度族的五個兄弟，可說是英雄中的英雄。關於他們的英雄事蹟，說也說不完。只要是印度人，幾乎沒有人不知道這兩大史詩，甚至還流傳到東南亞各國，在當地相當受歡迎。接下來要介紹的是，毗濕奴第四個化身——人獅那羅辛哈的故事。

被毗濕奴第三個化身野豬瓦拉哈殺死的魔王黑冉亞克沙，有個雙胞胎兄弟，正是身穿金衣的黑冉亞凱西普。看見自己的兄弟被神殺死，黑冉亞凱西普氣憤難耐，便發誓要報仇。

黑冉亞凱西普最初受到至高無上的梵天祝福，得以不被天神或人類殺死，也不會被動物殺死。不在屋內死，不在屋外死；不在白天死，不在地上死，更不會被任何武器殺死。獲得這樣的祝福後，反而讓他變本加厲，變得更肆無忌憚。不僅折磨人類，甚至還嘲笑戲弄天神。

黑冉亞凱西普作惡多端，擾亂天地，就算是再強大的天神，都拿他束手無策。因為他獲得的祝福，是最高神梵天賜予的禮物。最後，天神們無計可施，只好向另一位最高神毗濕奴求救，希望毗濕奴能夠幫忙除掉黑冉亞凱西普。

然而，黑冉亞凱西普的兒子帕拉達，卻對毗濕奴十分景仰，黑冉亞凱西普為此震怒不已。他一再勸兒子不要信奉毗濕奴，改信奉梵天神，但兒子屢勸不聽。無論黑冉亞凱西普用盡各種方法折磨施壓，兒子依舊無動於衷，黑冉亞凱西普氣得想要殺死自己的兒子。

黑冉亞凱西普把兒子叫到面前質問他：

「如果你信奉的神真的無所不在，那祂現在想必也在宮殿的石柱裡吧？」

黑冉亞凱西普說完就用腳對著石柱又踢又踹，言語間充滿諷刺意味。

但帕拉達的信念並沒有因此動搖。

「毗濕奴無所不在，祂當然也在宮殿的柱子裡。」

黑冉亞凱西普暴跳如雷地叫道：

「好啊！如果真是這樣，你就叫祂出來救你吧！」

生命受到威脅的帕拉達，便虔誠地祈求毗濕奴的庇護。就在那一刻，宮殿的柱子應聲而裂，毗濕奴化身成獅面人從石柱中跳了出來，用尖銳的牙齒「咬死」黑冉亞凱西普。毗濕奴成功了！但祂並未違背梵天的祝福，因為毗濕奴化身為半人半獅的模樣，既不是人類，也不是天神，更不是動物。再加上祂出現的時間正好是黃昏，既不是白天，也不是晚上。不是在屋內，也不是在屋外，而是在門口殺死黑冉亞凱西普。用的也不是武器，而是人獅那羅辛哈銳利的指甲和牙齒，因此並沒有違背梵天的祝福。

從此，那羅辛哈被人們供奉在寺廟門口，作為守護者的象徵，避免讓邪神惡鬼進入。

那羅辛哈

蛇王查哈克與母牛養育的費里頓

波斯

波斯的經典史詩《列王紀》，可以說是一本王者之書。從創世之初，到伊斯蘭教傳入之前，記錄了波斯傳說中的王朝故事。具體而言，包括了俾什達迪王朝、凱揚王朝、阿契美尼德王朝與薩珊王朝四大王朝。

這部史詩的重點並不是放在記錄史實，而是波斯在十一世紀初被阿拉伯統治，詩人菲爾多西深感波斯的語言和文化受到嚴重威脅，在這樣的情況下完成這部史詩。因此，這部史詩作出了巨大貢獻，它保存了差點消失的古代波斯文明。

在伊斯蘭教盛行前，祆教是當地最廣為流傳的宗教，《列王紀》正是以此為背景撰寫而成。祆教強調善惡二元對立論，因此在書中可以看到善惡之間不斷爭鬥。尤其書中上半部提到的蛇王查哈克，正是邪惡的代表。他被惡魔誘惑，殺死了自己的父親，順勢奪走王位。但暴政必亡，最後他被善的力量趕走，迎來悲慘的結局，在故事中可以說是扮演著「反派英雄」的角色。

國王加姆西德統治俾什達迪王朝（現伊朗地區），和平時代持續了七百年之久。當時的人們，不知道死亡為何物，更不知道何謂痛苦和傷心。然而，由於太平盛世維持的時間過久，加姆西德逐漸變得越來越自負，沒有做足準備對抗即將到來的邪惡勢力。於是，惡神安格拉．曼紐伺機而動，開始嶄露自己的野心。他不斷化身誘使王子查哈克墮落，讓查哈克背叛父親。

查哈克是國王馬魯達斯的兒子，馬魯達斯是一位賢明的君王，統治著一個小王國，深受人民愛戴。但查哈克卻和父親的個性大不相同，很容易受到別人的煽動影響。某天，惡神安格拉．曼紐出現在他面前，對他說道：

「你天生就是君王命，比任何人都有資格成為了不起的君王。但再這樣下去，你等到老死都當不上國王，因為你的父親會一直守著王位不放。」

惡神安格拉・曼紐誘使查哈克挖陷阱害死自己的父親，他要查哈克在國王馬魯達斯經常行走的路，挖一個大洞後，再覆蓋上樹葉。對王位虎視眈眈的查哈克，便按照惡神的話照做。最後，馬魯達斯掉進兒子挖的洞穴中死去，查哈克如願登上王位。

惡神安格拉・曼紐又化身為天下第一的名廚，再度來到查哈克面前。在那之後，王宮每天晚上都會舉辦宴會。化身為廚師的惡神，端出一道又一道美味佳餚讓查哈克對他的手藝讚不絕口，最後決定要獎賞他，答應滿足安格拉・曼紐所有的心願。

「偉大的國王啊！我的願望很簡單，請讓我能夠親吻您的雙肩吧！」

查哈克欣然答應廚師的請求，當他一親吻查哈克的雙肩後，立刻消失無蹤，接著詭異的事情發生了。查哈克的雙肩長出了兩條黑色的蛇，查哈克命部下立刻把蛇殺死。但每次一把蛇殺死，蛇又會再度復活。

惡神附在查哈克的耳邊對他說：「不管你怎麼殺，都殺不死這兩條蛇的。但別害怕，你只要用人的腦餵食蛇，牠們就不會傷害你。」

於是，查哈克每天都必須殺死兩個人，再摘下他們的腦餵食這兩條蛇。

與此同時，俾什達迪王朝的統治者加姆西德也因為過度自負，導致民心背離，失去了王位。查哈克趁亂率軍入侵，順勢成為新的統治者，並抓住加姆西德，對他處以斬刑，甚至還強行娶了加姆西德的兩個女兒為妻。

自此之後，查哈克的暴行不斷，每天都會殺兩個人來餵食他肩膀上的那兩條蛇，就連自己的兒子也不放過。雖然有一些勇士們佯裝成廚師，試圖用羊腦取代人腦，避免更多人因此犧牲，卻終究以失敗告吹。查哈克的暴政，足足維持了一千年。

某天，查哈克做了一個夢，夢見加姆西德王室後裔中，有人拿著牛頭矛出現。一位賢者預言，這是國王死期即將到來的惡夢之兆，甚至還把作亂者的名字告訴查哈克。那位即將拿著牛頭矛刺殺查哈克的人，名字就叫做費里頓。陷入恐慌的查哈克，命令屬下立刻在全國各地緝捕費里頓。

查哈克的屬下很快就找到少年費里頓的藏身處。經過打聽之後，才知道原來費里頓的父親早已被殺死，拿來當成蛇的食物。少年的母親怕被人發現他其實是加姆西德的後代子孫，便帶著兒子逃到厄爾布爾士山。後來，母親將他託付給黃牛普馬穀的守護神。當查哈克的部下出現時，費里頓早已逃之夭夭。部下們殺死黃牛後，將他的藏身地化為一座廢墟，再度返回皇宮。

後來，鐵匠卡維揭竿起義，睽違十六年後才下山的費里頓，也加入他們的陣營。所有渴望和平正義的人們，都一同加入作戰。出征前，卡維對大家說道：

「我們再也無法容忍查哈克殘酷的暴政，那個惡魔已經抓走了我十七個兒子，他把我的兒子殺死，再把他們當作食物餵食那些蛇。現在就連剩下唯一的一個兒子，也被他們抓走關在監獄裡。我要替所有被殺死用來餵蛇的人報仇，大家跟我一起打敗蛇王查哈克吧！」

卡維率領眾人攻進皇宮，查哈克見狀大吃一驚，假裝釋出善意，答應放走卡維僅剩的兒子，但為時已晚。

費里頓衝到軍隊最前方，舉起牛頭矛朝城內進攻。查哈克棄城而逃，最後仍被擄獲。正當費里頓高舉牛頭矛，準備刺死查哈克時，天使出現了。

「慢著，查哈克的死期還沒有到。」天使對費里頓說道。

費里頓只好將查哈克帶到厄爾布爾士山，用鎖鏈綑綁住他，並在他的雙手插上釘子。查哈克流血不止，就這樣痛苦地等死。那座山是一片荒蕪之地，找不到任何可以遮蔭的樹木。鎖鏈扎進了他的手腕，口渴灼痛了他的喉嚨，卻沒有人給他一滴水喝。

查哈克漫長的暴政時期，總算就此結束。此後，費里頓登上王位，歷經了五百年和平統治的歲月。

費里頓

想想看

❶ 創世神話和英雄神話最大的差異是什麼？試著以韓國為例，思考不同之處。

提示 請比較濟州島創世神話《天地王本解》中出現的大別王、小別王，以及史書《三國遺書》出現的檀君、朱蒙、赫居世和首露王有何不同？

❷ 觀察多元民族的始祖神話或建國神話，有哪些類似的特徵？

提示 出現在中國歷史上的民族，除了漢族外，還有滿族、女真族、鮮卑族、突厥族等許多民族。其中，也有一些民族曾經建立強極一時的帝國，因此流傳著歌頌建國英雄的神話。

第7章

與死亡正面對決的英雄們

神話存在最終的目的，
或許是人類對於最難承受的死亡，
自己拋出問題之後，自己尋找解答的過程。

不害怕挑戰的神話人物

英雄通常無懼於挑戰，即使是必須違反禁忌，他們也不怕。神話中的英雄也是如此，勇於冒險，不願屈服於命運，甚至連任何人都無法避免的死亡，也會挺身極力對抗。

當然，並不是這麼做的人，就表示他們全都是英雄。一旦弄巧成拙，也可能會引起混亂。例如，希臘羅馬神話中的薛西弗斯，就是其中一個不把神放在眼裡的人。他是科林斯的國王，因為洩漏宙斯的祕密被處以死刑，卻又用計蒙騙死神桑納托斯，用手銬把祂綁起來。換句話說，他試圖逃脫死亡的命運。神話存在最終的目的，或許是人類對於最難承受的死亡問題，自己先拋出了問題後，自己再尋找問題的解答。

然而，薛西弗斯最後必須付出慘痛的代價，也就是推巨石爬到山頂。問題是，當他好不容易把石頭推到山頂上，石頭又會再度滾落山腳下。他得重新回到山腳下，再度推石頭上山，不斷重複這樣的工作，這就是他所受到的處罰。

不過，若是這樣就稱薛西弗斯為英雄，似乎不太合理。因為他並沒有任何的豐功偉業，反而還曾經是個偷牛賊，甚至綁架奧托呂科斯的女兒安提卡利亞。但法國小說家阿爾貝·卡謬（Albert Camus）對此卻有不同的看法，他認為薛西弗斯即使知道自己必須一再重複推石頭上山，依舊持續著這種徒勞無功的工作，某種程度上也象徵著人類堅毅不拔的精神。

在北歐神話中，也曾經出現像巨人族洛基一樣不斷惹是生非的爭議性人物。與其稱他們為英雄，倒不如說他們是凡事與英雄作對的「反派英雄」。神話故事甚至把這樣的人稱為「搗蛋鬼」（trickster），他們為達目的不擇手段，就算是欺瞞或耍心機用伎倆也在所不惜，可以說是無所不用其極。

但在過程中，他們也可能會意外地為這個世界帶來貢獻。雖然他們本意是為

推巨石上山的薛西弗斯

了自己的利益著想，但有時可能出乎意料的，做了對人類有貢獻的事，像是從天上竊取火種帶到人間，或是在海邊釣魚意外釣起一座島嶼等。甚至在一些神話中，他們也讓原本因為永生不死飽受痛苦的人們，能夠獲得死亡這份「禮物」。

拿道德或法律的標準約束他們，並無太大意義，因為他們根本不在乎別人的評價，想做什麼就做什麼。

事實上，如果只接受既定的命運，人類社會也不會有所發展。儘管面臨痛苦，卻仍然試圖走出全新的命運之路，這樣的人可以說是真正的英雄。

現在，就讓我們一起來看看，英雄面對死亡時所展現出的各種樣貌。即使是英雄，也終究難逃一死。在面對死亡時，究竟他們會展現出何種態度？死亡對他們來說，也代表永遠消失嗎？又或者是，意謂著新世界的開始。

感動死神的庫布孜琴

中亞

很久以前，有一位名叫庫爾庫特的人，他智慧過人，能夠預知未來。無論是生活中繁瑣的小事，或是沉重的哲學課題，他都充滿好奇。對於人類為何會死亡，更是他長久以來苦思的問題。

某天，庫爾庫特在夢裡看見了人們正在挖墳墓，他走上前問道：

「請問這是誰的墳墓？」

「這是庫爾庫特的墳墓。」

庫爾庫特聞言大吃一驚，卻絲毫不敢吭聲，默默轉身離開。

第二天醒來，庫爾庫特就出門遠行，那是他生平第一次來到沙漠。就在那裡，他突然看見了夢中的畫面。人們正在挖掘墳墓，他上前詢問，得到的答案竟然跟夢中一樣，人們說那是他的墳墓。他好不容易才從驚嚇中恢復過來，打起精神回到故鄉。這次，他決定要正式與死亡對抗。

「沒錯！只要提前做好準備，即使是死亡也能戰勝。」

庫爾庫特緊握著庫布孜不放，庫布孜是一種能夠演奏出美妙音樂的弦樂器，每當他彈奏庫布孜時，就能忘卻面對死亡的恐懼。

後來，當他再次做夢時，他在夢中聽見了只要一提到「死亡」這個字，就會立刻死去。等他醒來後，他下定決心絕口不提關於死亡的事情。

日子就這樣一天一天過去了，庫爾庫特在哈薩克四處旅行，但他從未開口提及關於死亡的事，與死亡對抗的意志相當堅定。

某天，一直陪在他身邊的小牛突然跑走了，生氣的他不自覺地開口說道：

「臭傢伙，最好是你死都不要回來！」

庫爾庫特話一說完，就露出驚訝的表情。

「糟糕！我剛剛到底說了什麼？」

庫爾庫特對自己的失誤感到後悔不已。此時，死亡的陰影也似乎來到他的眼前。他連忙回到故鄉，前往錫爾河畔。接著，他走到河的正中央，鋪著能夠浮在水面上的毛毯，坐在上面開始演奏庫布孜。

死期將至的庫爾庫特，回憶起過往的歲月，包括長久以來到處旅行所見的風景，將這些回憶寄情於音樂中。他彈奏出來的旋律是如此美妙，嘰嘰喳喳的鳥兒們停止喧鬧，呼嘯的風聲也停了下來，就連動物們也從四面八方前來，靜靜地聆聽音樂。甚至連流動的河水，也醉情於音樂中，暫時忘了流動。

然而，死亡也在這時

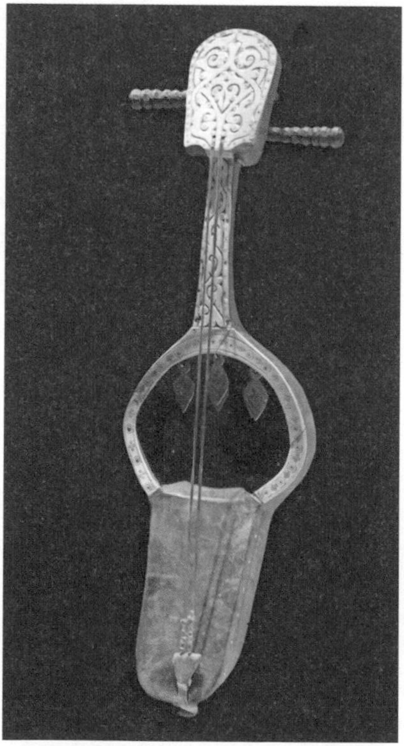

哈薩克傳統樂器——庫布孜

候悄悄降臨。或許死神也是擔心祂的出現，會讓庫爾庫特停止演奏，因此刻意不發出任何一點聲響。儘管死神有任務在身，但也被這美妙的樂曲深深打動。

就這樣過了好一陣子，彈到筋疲力盡的庫爾庫特，終於放下手中的樂器稍作休息。緊接著，死神就立刻變成一條毒蛇，游到河的中央，庫爾庫特最後還是被毒蛇咬死了。

在那之後，人們將庫爾庫特和他彈奏的樂器一起埋在錫爾河畔。經過附近的人們，似乎也都能聽見美妙動人的弦樂旋律。

斷頭殺敵的刑天

中國

與死亡對抗的英雄中，也有非常獨特的類型。他雖然極力抗爭，卻慘遭斬首。忿忿不平的他，不甘心就這樣死去，於是他以異想天開的方式，再次展開鬥爭。原本想殺死他的敵人，不禁感到錯愕，難以想像居然會遇到這種對手。不過，他也是一位可敬的對手，一旦下定決心，就算死也不願意屈服。

但問題是，即使過了數千年，直至今日，他可能仍在深山的某處，拿著斧頭繼續朝看不見的敵人揮舞。這個奇妙的神話出自於中國集結各種鬼怪故事的《山海經》這本書，這是書中一篇很有意思的故事。

刑天是炎帝神農的手下，黃帝軒轅打敗了炎帝，刑天勸炎帝像蚩尤一樣再度舉兵反攻，但炎帝並未接受他的建議。刑天氣得頭頂冒煙，後來就連蚩尤也被黃帝所殺，於是刑天決定獨自對抗黃帝。

刑天離開南方，左手拿著盾牌，右手拿著斧頭，朝著黃帝狂奔而去，迎接他的是一場艱辛的苦戰。挑戰黃帝之前，他得先擊敗無數的士兵將帥。但他們都不是刑天的對手，他以勢如破竹的氣勢，最後直攻黃帝的宮殿。

黃帝看到刑天居然膽敢殺進自己的宮殿，頓時怒不可遏。他舉起寶劍，衝上前與刑天拼搏。兩人在雲霧中一決勝負，打得難分難捨，不分高下，不知不覺來到了人間。他們來到西方上陽山附近，上陽山原是炎帝出生的地方，但黃帝的子孫也在北邊不遠處定居。黃帝和刑天因為自己的根據地在附近，獲得鼓舞後，雙方的戰爭變得更加激烈。後來，黃帝給了刑天致命的一擊，刑天被黃帝斬首，頭掉下來之後，滾到了山腳邊。

刑天知道自己的頭被砍斷後，變得更加急躁，把右手拿著的斧頭換到左手，彎著身子開始在地面尋找頭顱。然而，翻遍整座山都找不著。只要被他的手碰到，高聳參天的樹木和奇岩怪石立刻崩解成沙。山中籠罩著泥土灰塵，崩解的樹木和石頭到處滾動。

看到這幅景象的黃帝不禁感到害怕，萬一讓刑天找到他的頭顱，他勢必會再來找自己算帳。黃帝舉起寶劍，朝上陽山中間奮力一砍，山裂成了兩半，形成了一座深谷，刑天的頭顱也跟著掉進谷底。接著，山又再度合而為一。

原本蹲在地上尋找頭顱的刑天，也停了下來。他知道自己的頭顱已經被埋在地底，再也找不回來，但他還是不肯認輸。

「你別高興得太早，戰爭現在才開始！」

刑天猛然起身，一手拿著斧頭，一手拿著巨盾，開始對著天空胡亂揮舞，再次向近在眼前卻看不見的敵人宣戰。

刑天脫掉上衣，用自己的乳頭當眼睛，用肚臍當嘴巴，掛在胸前的兩隻眼睛冒出熊熊烈火，肚子上的嘴巴似乎還在咒罵敵人。他不願承認自己的失敗，認為自己只是不小心被對方斬斷頭顱，仍有力量和勇氣與敵人對抗。

黃帝看到這樣的刑天，嚇得瞠目結舌，只好放任他不管，回到天上去。但刑天堅決不放棄，就算肚子餓也不願休息，繼續揮舞著他的斧頭。無論颳風下雨，他依舊維持同樣的動作。

儘管過了數千年，刑天很可能仍在上陽山附近的某處，持續這場漫長的戰鬥。

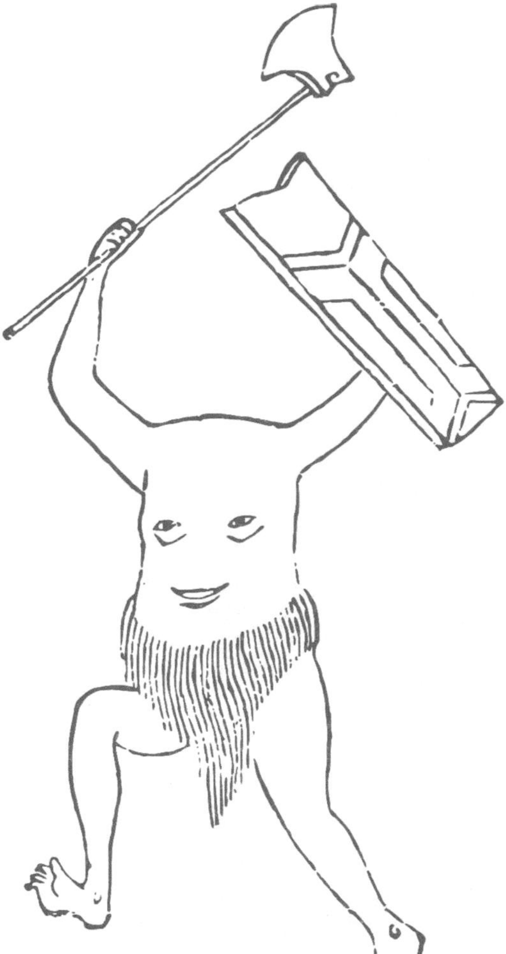

斷了頭的刑天

波胡拉的天堂之旅

孟加拉

南亞東北地區，也就是印度東北部和現今的孟加拉，曾經統稱為孟加拉邦。孟加拉原本是印度的領土，但在印度獨立後，巴基斯坦因為宗教問題被分割開來，孟加拉先歸屬於巴基斯坦，被稱為東巴基斯坦。後來，又因為語言、種族、經濟等衝突越演越烈，導致戰爭爆發，最後孟加拉在一九七一年宣布獨立。

在孟加拉，絕大多數的人都信奉伊斯蘭教。與其他印度地區相比，孟加拉的印度教信仰供奉的神祇樣貌都相當獨特。最具代表性的就是女神摩納娑，她在以男性為中心的傳統印度教信仰中，不斷強調女性的地位。不過，這與印度教過去曾將孟加拉當成是阿修羅（惡神）之地的傳統並無相關。

根據《摩納娑》神話所描述，摩納娑雖然是濕婆神的女兒，卻被母親遺棄，身為女蛇神的她，擁有強大的法力。因此，她認為自己也和濕婆神一樣，理應受人祭拜，唯獨商人坎圖堅決不願意這麼做。於是，摩納娑用盡各種方法折磨坎圖，他仍不為所動。

某天，坎圖的六個兒子被摩納娑派來的毒蛇殺死。坎圖為了保護唯一倖存的小兒子，前去尋找命中注定不會成為寡婦的少女波胡拉，盡快讓她和自己的兒子成婚。接著，他讓兒子和媳婦兩人進入鐵房，從源頭遏止蛇的入侵。

然而，摩納娑引誘建造鐵房的建築師，要他在看不見的地方挖一個小洞。摩納娑把一條毒蛇送進洞裡，讓毒蛇爬進鐵房殺死他的兒子，但波胡拉無法接受丈夫驟然離世的事實。

接下來的故事，將讓我們看見波胡拉面對困難的應對方式。她不會被動地接受降臨在她身上的不幸，總是不斷地想辦法，竭盡所能地與命運抗衡。

在神話故事中，可以看見波胡拉對丈夫的愛，但這並不是重點所在。波胡拉對丈夫的死亡表達抗議，某種程度上也在傳遞一種訊息，對抗種姓制度下，對女性多重壓迫的命運。在下面的故事中，將稱摩納娑為帕特摩，稱坎圖為贊得。

某天早上，當波胡拉醒來時，發現自己的丈夫拉修敏達勒被蛇咬死，便立刻拿出解毒劑想救丈夫一命。然而，帕特摩派來的老鷹，卻飛過來一把搶走解毒劑。束手無策的波胡拉哀痛欲絕。等贊得和他的妻子莎奈卡醒來後，這才得知兒子的死訊。

「孩子啊，現在似乎一點辦法也沒有了，我們把他火葬，讓他可以投胎到好地方吧！」

夫妻倆提議將兒子的屍體火葬，但波胡拉卻堅決反對。

「我不能接受這個事實，我要去找天神們算帳，到底為什麼這種事情會發生在我身上？」

聽到波胡拉這麼一說，夫妻倆也無法再阻止她。她把丈夫的屍體放在用香蕉樹做成的小船，隻身前往神所在的地方，展開遠航之路。當她動身前往河邊時，哥哥們卻跑過來勸阻，勸她放棄回家去，但她依舊無動於衷。

最後，她還是踏上了航行之旅。途中，帕特摩用盡各種方式誘惑和折磨波胡拉，當年贊得拒絕祭拜帕特摩而受到的詛咒，如今都轉移到媳婦身上。

帕特摩故意喬裝成流浪漢，把手環送給波胡拉，她卻拒絕了。當她停在某個碼頭稍作休息時，一群少年衝過來想要傷害她，她反過來詛咒他們，把他們通通變成了藤蔓。甚至還曾經出現一名巨人綁架她，逼迫她和巨人結婚，但她卻利用自己的聰明才智，把巨人變成一棵椰子樹。波胡拉繼續航行，通過重重考驗後，終於找到前往天堂的路。

經過長時間航行後，波胡拉在碼頭看到一名婦人帶著孩子在河邊洗衣服。然而，因為孩子太過吵鬧，婦人一氣之下「打死」了孩子。波胡拉在旁邊看到後，嚇得說不出話來。但是當婦人把衣服洗完後，她又讓孩子復活了。波胡拉發現之後，認為那位婦人不是普通人，便向她求助，央求她讓丈夫復活。

後來，波胡拉才知道原來婦人其實是帕特摩的朋友，也是幫天神洗衣服的人，名叫奈多。奈多本來想靠自己的力量讓拉修敏達勒復活，可惜卻一直失敗。當然，這都是因為帕特摩從中作梗破壞的關係。

波胡拉便和奈多一起到天庭去找女神杜勒卡，波胡拉想起自己曾經在卡利達哈湖邊接收過女神的祝福，女神杜勒卡知道後也欣然答應幫忙，因此派手下去把帕特摩帶過來。

帕特摩一開始假裝自己根本不認識波胡拉，直到波胡拉拿出丈夫是被蛇殺死的證據後，帕特摩再也無法否認自己做過的事。經過杜勒卡居中協商，帕特摩同意讓波胡拉的丈夫和六位哥哥復活，但前提是必須遵守一個條件：

「所有事情的起因，都是贊得造成的。贊得不把我放在眼裡，不肯祭拜我，才會發生這些事。我認為我有資格接受人們的禮拜，贊得必須對我獻上供品祭拜我，這是我唯一的條件。」

波胡拉答應自己會出面協調，讓公公贊得向帕特摩獻上供品。

於是，波胡拉踏上返鄉之路。回到故鄉後，她告訴公公贊得關於自己和帕特摩的約定，只要他同意對帕特摩獻上供品，就會讓他的兒子們復活。果然贊得舉辦祭禮後，他的兒子們全都復活了，波胡拉也終於能再見到丈夫。

這個神話是印度教主流信仰和孟加拉民間信仰相互衝突後所產生的。相較於印度教信仰注重雅利安人、婆羅門階級及男性利益，這個神話展現出對少數民族、底層階級及女性的重視。

當然，印度教主流信仰的反彈聲浪也很大。在這個故事中的最後一幕，雖然贊得為了救自己的兒子，被迫向帕特摩獻上供品，但他卻是故意用不潔的左手祭拜，而不是右手，藉此對杜勒卡表達自己的不滿。在印度教傳統社會中，就連女神也得接受到這樣的不尊重待遇，可想而知，一般女性的地位有多麼低落。

在世界各地的神話中，經常可以看見女性（女兒或妻子）不惜犧牲性命，想盡辦法治好丈夫或父母的病，甚至讓他們死而復活，韓國神話《鉢里公主》也是以此為主軸構成的。

與死亡拚搏的勇士——吉爾伽美什

美索不達米亞

《吉爾伽美什史詩》被公認是世界上現存最古老的史詩，比著名的荷馬史詩《伊利亞特》和《奧德賽》，至少早了一千七百年之久。

以史詩形式流傳的神話，涵義相當深遠。因為它深入探討人類存在的意義、生死問題、大自然與人類之間的關係與文明的意義，即使從現代的角度來看，仍舊是值得深思的議題。

表達方式也令人印象深刻，它生動而具體地描繪出既哲學又抽象的問題，宛如親眼所見一般。透過史詩，就足以窺見人類最早的文明—蘇美爾文明的水平。

這篇史詩描寫了吉爾伽美什國王的冒險故事，他在西元前二八一二年至一二六年期間，曾統治過美索不達米亞的都市國家烏魯克。史詩被鐫刻在十一塊泥板上，直到十九世紀中旬才出土，這些被解讀出內容的楔形文字，震驚了西方世界。因為上面記載了大洪水故事，其內容與基督教聖經中出現的諾亞方舟故事幾乎如出一轍。

此外，由於《吉爾伽美什史詩》比聖經早了將近一百年，學者們認為在某種程度上，聖經或許也受到史詩的影響。

無論如何，從這篇史詩中，也可以看出人類創造神話的目的，其原因正是來自於對死亡的恐懼。

即使是再偉大的人，也難逃一死；即使是再興盛的文明，也終究會消失。那麼，人類究竟為何要活著？又該如何活？人類所創造的文明，又有什麼樣的意義？

烏魯克的國王吉爾伽美什對於人類最基本卻也是最重要的問題感到困惑，便開始努力尋找答案。他的冒險代表著何種意義？結局又是如何？讓我們一起看下去。由於這篇神話相當重要，內容篇幅也相對比較長。

吉爾伽美什是蘇美爾都市國家烏魯克的國王，他的三分之二血統是神，三分之一是人。身高超過四尺，額頭是紅色的，眼睛大如牛眼，頭髮濃密如麥田，留著青金石般的落腮鬍。

吉爾伽美什仗著自己的權勢為所欲為，讓百姓們做苦力，如果他們不聽從，便恣意毆打，烏魯克沒有任何一個人打得過他。他甚至還覬覦即將成婚的烏魯克少女，不讓新娘嫁給新郎。他的惡行惡狀，惹得百姓們怨聲載道。

終於，上天聽到了百姓們的抱怨，天神們連忙召開會議。

「吉爾伽美什實在太過囂張狂妄，不能再讓他為所欲為了。」

「為了烏魯克的和平，必須創造出能與吉爾伽美什匹敵的對手，讓他對眾神心生畏懼。」

眾神把這件事告訴大母神阿茹茹，於是女神以偉大的阿努神形象，做為創作的靈感，用紅色的泥土捏成了人形丟到草原上，野人恩奇杜就此出生。他一出生就全身是毛，體型高大壯碩，是一名力大無窮的勇士。

恩奇杜對於人類的文明一無所知，在叢林中和野獸們一起生活。吉爾伽美什聽到出現一個能與自己匹敵的勇士，便派出神殿的女祭司沙姆哈特對付恩奇杜。恩奇杜被沙姆哈特的美貌所誘惑，和她共度六天七夜。

吉爾伽美什

心智被開啟的恩奇杜，再也無法像過去那樣，過著野獸般的生活，他開始接納人類的文明。沙姆哈特說服恩奇杜前往烏魯克拜會吉爾伽美什，當吉爾伽美什一見到傳說中的恩奇杜，熱血沸騰地說道：

「太好了！總算讓我遇到像樣的對手了！」

恩奇杜也是如此。於是，兩人緊抓著對方的手，像鬥牛一樣展開決鬥。實力相當的兩人，難以分出勝負。最後，英雄惜英雄的兩人，決定和解成為朋友，這正是所謂的不打不相識。

吉爾伽美什想帶著好友，一起挑戰任何人都無法做到的事。

「恩奇杜，只要我們倆通力合作，沒有辦不到的事。我們現在就去雪松林殺死胡姆巴巴那傢伙，這樣我們就能成就後世功名。」

雪松林是眾神之山，距離烏魯克相當遙遠。住在那裡的胡姆巴巴是遠古時代太陽神烏圖養育的巨型樹怪，長相非常可怕，沒有人敢靠近雪松林半步。

但吉爾伽美什並不害怕，因為有可靠的恩奇杜作伴。恩奇杜雖然有點猶豫，但在吉爾伽美什的說服下，最後決定和他一起踏上旅程。眾神和百姓們都很擔心他們的安危，可是吉爾伽美什不理會大家的勸告。

換作是別人，至少得要花上一個半月的時間，但吉爾伽美什和恩奇杜兩人只花了三天就抵達雪松林。然而，當他們見到胡姆巴巴的真面目後，嚇得渾身發抖，甚至動了想放棄的念頭。

「算了，我們還是回去吧！」

「不行，都來到這裡了，總得闖出一番名堂來才行！」

「功名成就這種東西有什麼用？死了就什麼都沒了。」

「如果就這樣回去，你下半輩子能安心嗎？人生在世，最重要的就是留下名聲，沒有任何事比這個還重要。」

吉爾伽美什再度力勸恩奇度，雖然他還是感到畏懼。但在他們的通力合作下，成功設下陷阱，並用計擄獲了胡姆巴巴。胡姆巴巴懇求吉爾伽美什饒了他一命，但恩奇度擔心若是放過胡姆巴巴，恐怕後患無窮，建議吉爾伽美什殺了他。

這次，換吉爾伽美什猶豫了。不過，恩奇度態度相當堅決，最後吉爾伽美什只好用斧頭砍斷胡姆巴巴的脖子。

在胡姆巴巴臨終前，大聲詛咒道：「我詛咒你們兩個不得好死，其中一個會先為我償命，那人便是恩奇度！」

兩人假裝沒聽見，恣意地在雪松林踩踏。接著，他們帶著胡姆巴巴的頭顱回到烏魯克。

女神伊南娜被吉爾伽美什的英勇所吸引，尤其在看到吉爾伽美什意氣風發地回國後，更是對他迷戀，便向吉爾伽美什提出結婚的請求。但吉爾伽美什認為伊南娜已經結婚，是有夫之婦，果斷地拒絕祂。不僅如此，吉爾伽美什還一一細數祂的不是。

自尊心受創的伊南娜，惱羞成怒地說：

「今日的屈辱來日必定加倍奉還，區區一名人類竟敢對女神大不敬！」

伊南娜前去找最偉大的天神安努，向祂訴苦。懇請天神安努賜給她一頭神牛，打算讓神牛殺了吉爾伽美什。就在伊南娜把神牛帶到烏魯克後，樹木開始凋零，河水變得乾枯。

此時，吉爾伽美什和恩奇度再度現身。恩奇度衝向前抓住神牛的角，吉爾伽美什趁機用刀殺死了神牛。在一旁看著這一切的伊南娜，氣得詛咒他們。

吉爾伽美什和恩奇度先是殺死胡姆巴巴，接著破壞雪松林，甚至還殺了天上的神牛，眾神們對於他們的惡行惡狀感到氣憤難耐。經過集思廣益後，眾神們決定讓他們受到處罰，讓他們其中一人接受處罰。最後，眾神們決議讓恩奇度先死去。從那天起，恩奇度就病倒了，整個人失去力氣。

恩奇度做了一個夢，在夢中他進入冥界，等他醒來後，他把夢中看見的冥界畫面告訴吉爾伽美什。

「那個地方一片漆黑，伸手不見五指，人們待在黑暗中，啃食著泥土和灰塵。天啊！光想到就令人毛骨悚然，我實在不想去那裡。」

但他卻被命運之神賜死，在人生的最後一刻，恩奇度對於最初讓他動了凡心的沙姆哈特產生怨念。

「若不是因為妳，我也不會落得今日的下場！」

於是，沙姆哈特安慰他。

「動了凡心之後的你，不也完成了許多事情嗎？請記得那些美好的回憶吧！別忘了我們之間曾經有過的愛情。」

恩奇杜這才放下怨念，他閉上眼睛，回想起過去美好的回憶，在心中祝福帶他走進文明世界的沙姆哈特，以及他的摯友吉爾伽美什。

吉爾伽美什對於恩奇杜的死去，感到悲痛不已。

「吾友恩奇杜，睜開眼睛看看我吧！你剛剛不是還在跟我說話嗎？怎麼現在卻不說話了呢？死亡原來是這樣的嗎？朋友和心愛的戀人一旦死去，就再也無法和他們說話了嗎？」

哀傷欲絕的吉爾伽美什，剪掉自己的頭髮，撕爛自己的衣服，接著像是下定決心似地大喊道：

「朋友啊！你別擔心，我不會丟下你一個人的，我絕對不會讓你一個人去黑暗世界。」

然而，隨著時間一天一天過去，恩奇杜的屍體開始腐爛，皮膚變得腫脹，蛆蟲從他臉上爬了出來。吉爾伽美什看到這一幕嚇壞了，倉皇逃跑。

吉爾伽美什為恩奇杜舉辦了隆重的喪禮，甚至下令在烏魯克全國各地豎立恩奇杜的雕像。在那之後，吉爾伽美什衣衫襤褸，披頭散髮，在大草原徘徊遊蕩。目睹摯友離世的他，害怕自己有一天也會面臨死亡。

吉爾伽美什決定去找在大洪水中倖存，生而為人卻能獲得永生的阿特拉哈西斯，想詢問他長生不老的祕訣。阿特拉哈西斯居住在迪爾蒙花園，迪爾蒙是人間的天堂。在那個地方，烏鴉不會啼哭、獅子不會挨餓、野狼不會撲羊；丈夫不會生病死去，也沒有傷心欲絕的寡婦。

吉爾伽美什踏上漫漫長途，隻身前往迪爾蒙。途中，他經過位於日升之處的摩周山，摩周山是由蠍人夫婦所掌管。蠍人夫婦一眼就認出吉爾伽美什三分之二是神，三分之一是人。夫妻倆好奇地詢問吉爾伽美什，為何來到此地？吉爾伽美什告訴他們，他想見到獲得永生的阿特拉哈西斯。儘管蠍人夫婦再三勸阻，警告他這條路並不好走，吉爾伽美什的意志卻絲毫不減。

吉爾伽美什再次踏上旅程，這次他來到了某個海邊。海邊住著掌管釀酒的西杜里，吉爾伽美什對她說：

「我的朋友恩奇度和我一起度過了重重考驗，但最後他仍敵不過死亡的命運。我替朋友哀悼了六天七夜，直到他的鼻子爬滿了蛆蟲，我才讓他入土為安。我看到朋友面目全非的樣子，不禁感到十分恐懼！從那時起，我開始在草原上遊蕩。西杜里女神啊！求求您讓我免於一死，我真的很怕死！」

西杜里拒絕吉爾伽美什的請求，告訴他無法獲得永生。

「神在創造人類，賜予生命的同時，也賜予了死亡。回去好好填飽肚子，開心地過生活，盡情跳舞吧！然後，記得好好珍惜你的妻子和孩子們，這才是生而為人應該做的事。」

然而，吉爾伽美什一句話也聽不進去。西杜里告訴他，如果想要抵達眾神花園，就必須越過太陽，但中間有死亡水域，憑他一己之力是過不去的。儘管如此，吉爾伽美什仍不願放棄。於是，西杜里指點他找到擺渡神烏爾沙納比。

烏爾沙納比要求吉爾伽美什找來一百二十根划船用的槳桿，僅僅耗費三天的時間，船隻就抵達了死亡水域。每划一次槳，就得用掉一根槳桿。等到槳桿用盡之際，吉爾伽美什甚至脫掉衣服，用自己的身體當作桅杆。最後，吉爾伽美什終於如願見到阿特拉哈西斯。

吉爾伽美什詢問他究竟如何獲得永生，阿特拉哈西斯便將大洪水的故事告訴他。原本阿特拉哈西斯居住的城市位於幼發拉底河的河畔，那是座古老的城市，也是眾神所在之地。

然而，眾神們決定引起一場大洪水處罰人類。至高無上的天神安努雖然下令不得向人類透露消息，但創造人類的水神恩基，卻把這件事告訴了阿特拉哈西斯，並建議他建造一艘可以乘載所有生物的船。阿特拉哈西斯按照神的吩咐，建造了一艘正正方方帶有雨遮的大船，讓所有生物及草原上的動物們都可以上船避難。

某天早上，麵包從天而降，晚上開始降下麵粉。阿特拉哈西斯知道時機已到，便關閉了船的入口。霎那間，天空烏雲密布，下起了傾盆大雨，天空好像破了一個洞一樣。雷神一聲慘叫，天地就像甕一樣碎裂，眾神們也嚇得瑟縮。神母寧圖悲痛欲絕，看著自己孕育出的生命流離失所，不禁為自己的決策感到後悔。

直到第七天，洪水才消退。阿特拉哈西斯派出鴿子，但鴿子找不到棲身之地又折返回船隻。接著，他又派出燕子，燕子也一樣折返回來。最後，他派出烏鴉，但這次烏鴉一去不復返。阿特拉哈西斯猜想烏鴉應該是找到了棲身之地，便打開船隻，把所有動物放出來，並在山頂獻上供品祭拜。眾神們聞香而至，恩里爾神決定賜予阿特拉哈西斯夫婦永生，讓他們居住在河流的源頭。

吉爾伽美什聽完後，苦苦哀求道：

「我也想跟你一樣獲得永生。」

阿特拉哈西斯告訴他，凡人想獲得永生是天方夜譚。但吉爾伽美什沒有放棄，不斷地懇求，阿特拉哈西斯只好告訴他方法。

「想要召喚永生之神，必須六天七夜不睡覺，你能辦到嗎？」

「天底下沒有我做不到的事情！」

吉爾伽美什自信滿滿地回答道，但當他一坐下，一陣強烈的睡意席捲而來，立刻昏睡過去。阿特拉哈西斯的妻子在吉爾伽美什的床邊放了一塊麵包，但吉爾伽美什睡著了，無法吃麵包。麵包變得又乾又硬，甚至開始發霉。吉爾伽美什終究敵不過睡意，也因此錯失了獲得永生的機會。

「吉爾伽美什，你數數看麵包吧！這樣你就會知道你睡了多久，在你床邊的五塊麵包都已經乾硬發霉，只有第六塊麵包還是新鮮的，等你醒來時，第七塊麵包也烤好了。」

吉爾伽美什露出垂頭喪氣的表情，心情十分低落。阿特拉哈西斯幫他準備好回程的船隻，但阿特拉哈西斯的妻子認為不能讓他就這樣空手而回，藉由和丈夫的對話，暗示他如何找到可以讓人變得年輕的回春草。

吉爾伽美什把一塊大石頭綁在身上，一邊披荊斬棘，一邊潛入水中拔取回春草。雖然他無法獲得永生，卻很開心能夠獲得回春草，讓自己返老回春。

吉爾伽美什又再次見到擺渡神烏爾沙納比，他自豪地吹噓自己是如何取得回春草，並接著說：

「我決定把這個草命名為吉爾伽美什。」

吉爾伽美什幫回春草取了名字，在蘇美爾語中，「吉爾伽」代表「老人」，「美什」代表「年輕人」。換句話說，回春草意謂著「讓老人變成年輕人的草」。

到了晚上，吉爾伽美什準備休息，他走到泉水旁，脫掉衣服沐浴淨身。就在這時候，一條蛇爬了過來，偷走了神祕的回春草。最後，吉爾伽美什只能空手而回。歷經辛苦波折卻兩手空的他大嘆：

「烏爾沙納比啊！我究竟是為誰而忙？為誰付出這麼多的心血呢？到頭來卻一無所獲！」

吉爾伽美什的淚水嘩啦啦地直落。

吉爾伽美什和烏爾沙納比一起回到烏魯克，吉爾伽美什攀上城牆，要讓烏爾沙納比瞧瞧他所建造的城市。

「你看！這是我親手打造的城市，如何？實在令人驚豔吧？人類居然能創造出這樣的城市。」

吉爾伽美什的嘴角漾起了一抹淺淺的微笑，但微笑中似乎帶點空虛。

不久後，吉爾伽美什躺在床上，再也沒有醒過來。

吉爾伽美什雖然三分之二是神，三分之一是人，仍躲不過死亡的命運。他因為對死亡的恐懼，試圖獲得永生，結果依舊徒勞無功。

前面雖然沒有提到，但在神話故事中，當吉爾伽美什打算展開冒險，前去尋找阿特拉哈西斯時，曾被太陽神沙瑪什極力阻止，勸他別幹這種傻事。因為追求永生的挑戰，是一場注定會失敗的旅程，吉爾伽美什卻未曾放棄。

然而，這是魯莽的挑戰嗎？他的冒險失敗了嗎？不盡然如此。光是吉爾伽美什麼勇於挑戰的這件事，本身就相當有意義。無論成敗與否，即使知道人類的侷限，仍想努力克服這些限制，這才是我們應該秉持的態度。

倘若我們滿足於現況，害怕冒險，就不會有所發展。人類必須不斷地對自己拋出提問，並努力尋求答案，這才是我們該做的事。世界上最古老的神話，也告訴了我們這一點，因此更令人感動。

想想看

❶ 神話與人類終將一死的這件事，有著莫大的關聯。如果人類能夠獲得永生，神話或許就不存在了。人類必然會死，為了追求長生不老，所創造出來最強大的武器正是神話。試著以這個觀點，重新檢視各民族的神話故事吧！

提示 無論科技再進步，都無法讓人類長生不死。每個人都害怕死亡，但如果人類真的能夠長生不死，世界又會變得如何？透過神話，讓我們對於死亡的課題有更深入的反思。

想想看

❷ 在神話故事中，死亡並不是結束。神話對於死後的世界，也有各種不同的描述。有時可能是令人毛骨悚然的地獄，有時卻又像奇幻樂園。不妨試著觀察各民族是以何種角度看待死後的世界。

提示 在神話故事中，曾經到過死後世界的人不在少數。像是韓國《鉢里公主》的主角或是《差使本解》中的姜林，透過他們的描述，得以窺見死後世界的樣貌。

參考文獻

郭進石《西伯利亞滿州——通古斯族神話》，J&C出版社，2009

金山海《最初的神話——吉爾伽美什史詩》，人道主義者出版社，2005

金宣子《中國少數民族神話紀行》，安提庫斯出版社，2009

羅尚進《古老的故事》，民俗院，2014

徐泰碩《韓國的神話》，集文堂，1997

徐裕元《中國民族的創世神話》，亞洲文化社，2002

柳原壽《蒙古秘史》，四季出版社，2004

李恩具《印度神話》，世昌媒體，2003

趙哲秀《蘇美爾神話》，西海文集，2003

玄勇俊《濟州島神話》，序文堂，1996
金宣子編著《南方絲路神話之旅》，亞洲出版社，2017
金亨秀《阿蘭豁阿》、《亞洲》第十六號，亞洲出版社，2010
鄭在訓《北亞游牧軍主權政治理念的基礎》、《東洋史學研究》一百二十二號，東洋史學協會，2013
羅尚進《彝族四大創世史詩結構與神話象徵研究》延世大學碩士論文 2010
中澤新一《從熊變成王，野蠻的誕生》金玉熙譯，東亞出版社，2003
太安萬侶《古事紀》姜勇子譯，至滿誌出版社，2009
詹姆斯 B.普里查德（James B.,Pritchard）《古代近東文學選集》（*The Ancient Near East: An Anthology of Texts and Pictures*）金具原等人譯，基督教文學傳教會，2016
查藍索德農（D. Tserensodnom）《蒙古的神話》李安娜譯，文學與知性社，2007
查藍索德農（D. Tserensodnom）《蒙古民間神話》李平來譯，大元社，2001
Albert J. Carnoy, The Mythology of All Races Vol 6, Marshall Jones Company, 1917.

Basil Hall Chamberlain, Aino Folk-Tales, The Folk-Lore Society, 1888.

Syed Jamil Ahmed, Acinpakhi Infinity-Indigenous Theatre of Bangladesh, The University Press Limited, 2000.

知里幸惠《阿伊努神謠集》（アイヌ神謡集），岩波文庫，1978.

故事館 025

寫給中小學生的亞洲神話故事

아시아 신화는 처음이지?

作　　者	金南一
譯　　者	林侑毅・鄭筱穎
語文審訂	陳資翰（臺北市立大學歷史與地理學系）
責任編輯	陳彩蘋
封面設計	張天薪
內頁設計	連紫吟・曹任華
出版發行	采實文化事業股份有限公司
童書行銷	張惠屏・侯宜廷・林佩琪・張怡潔
業務發行	張世明・林踏欣・林坤蓉・王貞玉
國際版權	鄒欣穎・施維真・王盈潔
印務採購	曾玉霞・謝素琴
會計行政	許俽瑀・李韶婉・張婕莛
法律顧問	第一國際法律事務所　余淑杏律師
電子信箱	acme@acmebook.com.tw
采實官網	www.acmebook.com.tw
采實文化粉絲團	www.facebook.com/acmebook01
采實童書FB	https://www.facebook.com/acmestory/
ISBN	978-626-349-281-3
定　　價	350 元
初版一刷	2023 年 6 月
劃撥帳號	50148859
劃撥戶名	采實文化事業股份有限公司 104台北市中山區南京東路二段95號9樓 電話：(02)2511-9798　傳真：(02)2571-3298

國家圖書館出版品預行編目資料

寫給中小學生的亞洲神話故事 / 金南一作 ; 林侑毅 , 鄭筱穎譯 . -- 初版 . -- 臺北市 : 采實文化事業股份有限公司 , 2023.06
304 面 ; 14.8×21 公分 . -- (故事館 ; 25)
譯自 : 아시아 신화는 처음이지 ?
ISBN 978-626-349-281-3(平裝)

1.CST: 神話 2.CST: 民間故事 3.CST: 亞洲
283　　112005643

線上讀者回函

立即掃描 QR Code 或輸入下方網址，連結采實文化線上讀者回函，未來會不定期寄送書訊、活動消息，並有機會免費參加抽獎活動。

https://bit.ly/37oKZEa